U0882342

教育部人文社会科学研究青年基金项目
“中动及其相关去及物性结构——基于句法-语义-语用综合界面的跨语言比较研究”(12YJC740023)

中动及其相关去及物化结构的综合界面研究

高秀雪 著

山东大学出版社

图书在版编目(CIP)数据

中动及其相关去及物化结构的综合界面研究/高秀雪著.
—济南:山东大学出版社,2016.3
ISBN 978-7-5607-5509-0

Ⅰ.①中… Ⅱ.①高… Ⅲ.①英语—句法结构—对比研究—汉语 Ⅳ.①H314.3②H146.3

中国版本图书馆 CIP 数据核字(2016)第 049821 号

责任策划 郑琳琳
责任编辑 郑琳琳
封面设计 张 荔

出版发行:山东大学出版社
社 址 山东省济南市山大南路 20 号
邮 编 250100
电 话 市场部(0531)88364466
经 销:山东省新华书店
印 刷:沂南县汶凤印刷有限公司
规 格:880 毫米×1230 毫米 1/32
6.75 印张 180 千字
版 次:2016 年 3 月第 1 版
印 次:2016 年 3 月第 1 次印刷
定 价:28.00 元

版权所有,盗印必究

凡购本书,如有缺页、倒页、脱页,由本社营销部负责调换

前言 Preface

我对句法-语义界面研究的关注始于攻读博士学位期间，那时我的研究背景是形式语言学，我的导师、北京师范大学外文学院周流溪教授鼓励我进入一个新的研究领域，即 Jackendoff 的概念语义学，生成语法阵营中的认知路线。周老师认为我有生成语法研究背景，能较为容易地深入这一新的学术思想并能很好地解决句法问题，弥补生成语法的缺陷。

我欣然接受了导师的意见，因为我的研究经历也让我体会到生成语法过于追求解释充分的问题，其解释的理据也难以理解，而基于经验主义的认知研究更具有说服力。Culicover 和 Jackendoff (2005)的《更简句法》比较难啃，它用大量篇幅批评了主流生成语法，指出了生成语法存在的问题，但是对如何解决这些问题阐述得并不系统，应用其理论解决汉语问题并不如生成语法直接。它只是提出了一些理念，正如有人对更简句法的批评，指出别家理论的问题简单，提出更好的解决方案不易。

我对 Jackendoff 的平行架构理论——也就是界面理论，非常赞同。界面理论文献各种各样，其中建立更具有说服力的界面是我比较感兴趣的，我的博士论文就是在句法-语义界面理论下对英汉语中动结构的研究，导师给了很大的肯定。

博士毕业以后，我一直在思考界面问题，对中动结构的研究仍旧意犹未尽，对于以前的研究感觉问题颇多，例如：原来关于中动结构的界定比较宽泛，更重视形式标准。既然汉语中动结构是基于英语中动结构之上的，那么我们就要找出与之匹配的句子，重视形式和语义两种标准。因此，本书中的汉语中动结构范围缩小了很多，并且把中动结构拉入去及物化结构中，中动结构成为去及物化结构的典型代表，及物性转换是比中动结构更为宽泛的研究对象。

感谢教育部人文社会科学研究青年基金项目对本研究的资助，同时也感谢家人对我一直忙于科研的理解。本书是我繁忙教学之外的科研工作的阶段总结，希望本书对从事界面研究和对及物性转换感兴趣的学者有所启发。

高秀雪

2015 年 11 月

目录 Contents

第1章

导　论

1.1 研究背景:论元实现的灵活性

20 世纪 70 年代,Charles Fillmore(1968)和 Richard Carter(1976)等语言学家就开始关注词汇语义和句法之间的规律,他们发现动词语义对句法形式有决定作用。20 世纪 80 年代,语言学界已认可动词语义在很大程度上决定了句法结构的观点,发展了连接理论(Linking Theory)或投射理论(Projectionist Theory)(Chomsky 1981),提出论元结构对词汇项的句法行为起着关键作用。论元结构是指谓词语法信息的词汇表征,是由词汇项投射的句法配置。论元结构有两类表征接口:一是词汇语义结构,二是深层结构。因此,论元结构可以分为语义论元结构和句法论元结构。论元结构的提出解决了许多句法语义连接问题,论元的句法实现在很大程度上可从动词意义中预测出来以得到解释,如:根据次范畴化(sub-categorization),动词 eat 可以带一个外论元(external argument)和一个内论元(internal argument)。

语义和句法表达之间的连接规律广泛存在,但是句法和语义之间并不是总能匹配,二者之间的形义错配现象是困扰语言学界多年的一个问题。论元实现具有较大的灵活性，存在论元的非选择性现象，如：汉语中“吃”可以带受事论元（“吃海鲜”）；也可以带工具论元（“吃火锅”）；还可以带地点论元（“吃食堂”）等。除了论元的非选择性，及物性交替现象也是引起语言学家广泛兴趣的一类现象。所谓“及物性”，是“指动词是否具有带宾语的潜在能力。根据‘及物性’特征，动词一般被分成及物动词和不及物动词两个大类”（徐杰 2001）。根据 Baker (1988)的题元角色赋予一致性假设（Uniformity of Theta Assignment Hypothesis/UTAH），“同样的题元关系在深层结构中必须表达为同样的结构关系”，即句法位置和论元实现是一一对应关系。然而我们发现，同样的一个动词既可带内论元作及物动词，也可不带论元作不及物动词，存在及物性交替现象，或者称为“多重论元实现现象”。及物化和去及物化过程带来多种及物性交替现象，给传统论元实现和允准理论带来了挑战，例如：

(1) a. They danced.

b. They danced a happy dance.

(2) a. 王冕的父亲死了。

b. 王冕死了父亲。

(3) a. The enemy destroyed the city.

b. The city was destroyed by the enemy.

(4) a. Kim broke the vase.

b. The vase broke.

1.2 研究对象：中动及其相关去及物化结构

去及物化（detransitivization）是指及物动词转变成不及物动词的过程，去及物化结构就是及物动词不带宾语的现象，是形式和功能错配的典型代表。去及物化结构有多种存在方式，Givón (2001：97-98)列举了世界上各种语言中去及物化的方式，共有7

种：反身化(reflexive)、相互代词化(reciprocal)、中动语态(middle voice)、形容词结果补语手段(adjectival resultative)、被动化(passive)、逆被动化(antipassive)、倒装化(inverse)。

本书研究的中心是中动语态的句法和语义实现——中动结构(middle construction)。中动结构是去及物化结构的典型代表，因其句法/语义错配现象在文献中备受关注。中动结构研究可以追溯到 Jespersen (1909：45)，中动结构被他称作"主动-被动结构"(activo-passive)。以后的语言学家们赋予了中动结构各种各样的名字，反映了他们对中动结构本质的不同认识，如 Declerk (1991) 和 Hundt (2007)的中动被动(medio-passive)，Halliday (1967)的指向过程的被动句(process-oriented passive)，van Oosten (1977，1986)的受事主语结构(patient-subject construction)，Jespersen (1909：45)和 Levin (1982)的主动-被动句(activo-passive)，Palmer (1974)的假性被动句(pseudo-passive)等。中动去及物化的手段有二：一是通过语序，二是通过反身屈折词缀。因此，根据形态句法特征，中动结构分为光杆中动(bare middle/plain middle)和反身中动(reflexive middle)。光杆中动存在于英语、荷兰语、日语、汉语等语言中，而反身中动存在于德语、法语、西班牙语、俄语、希腊语等语言中。两类中动结构分别如下，表达的意义都是"这本书很容易读"，反身屈折词缀为 sich 和 se：

(5) a. The book reads easily. (English)

b. 这本书读起来很容易。(Chinese)

c. Dit boek leest gemakkelijk. (Dutch)

(6) a. Dieses Buch liest **sich** leicht. (German)

b. Ce livre **se** lit facilement. (French)

中动结构的界定是个棘手的问题，中动结构是否具有统一的句法和语义特征存在争议。作为去及物化结构，中动词的属性是什么呢？是不及物动词吗？Perlmutter (1978) 提出非宾格假设(Unaccusative Hypothesis)，把不及物动词分为两类：非宾格动词

(unaccusative)和非作格动词(unergative)。前者只有内部论元，没有外部论元，如：The speaker arrived；而后者有外部论元，没有内部论元，如：John walked。如果中动词是不及物动词，那么是哪一类不及物动词？如果中动词不是不及物动词，那么它是及物动词吗？它与被动化动词、作格动词(ergative)、非作格动词有什么关系呢？中动词是独立存在的吗？

Lekakou (2002, 2005)否认中动结构的存在，因为从跨语言角度看，中动结构没有统一的句法结构，而是寄生在其他独立的结构之上，如非作格结构和被动结构。由此，中动结构分为两个类型：类型Ⅰ寄生在非作格结构之上(如英语、荷兰语和德语)；类型Ⅱ寄生在被动句之上(如法语、意大利语和西班牙语)。Lekakou (2005: 53)只承认语言中有统一的中动语义，不同的语言采用不同的方式来实现中动语义。Lekakou (2002: 401)总结的中动语义的核心特征为：

a. 一般会投射到宾语位置的论元(因此被认为是心照不宣或概念宾语)是一个话题。

b. 施事接受任指解释。

c. 中动解读为非事件，不参照真实发生的事件，而是报告语法主语的属性。对应的事件动词变成派生的状态动词，更准确地说是接受泛化解释。

Ackema 和 Schoorlemmer (2006: 132) 也总结了中动结构语义特征，与 Lekakou (2002: 401)的总结几乎一致：

a. 中动词对应的非中动词的外论元在中动结构中不能表达为常规论元。

b. 如果中动词对应的非中动词拥有直接内论元角色，那么中动句的主语就带有这个角色。

c. 中动词是静态的、非个体性的。中动句是泛指陈述，表示 b 中的论元具有特定的内在属性，或者表示动词指示的事件或动词和论元的组合具有特定的普遍特征。

尽管语言学家对中动语义有很多共识，但在“隐含论元”“泛指性”“非事件性”“施事任指性”等中动语义方面仍存在分歧，对是否有统一中动语义的问题也存在很大争议，认为法语中就存在事件性中动结构，如 La Tour Eiffel se voit de lion（埃菲尔铁塔可以从远处看见）。

1.3 研究内容

本书涉及的去及物化结构主要包括中动结构、被动结构和作格结构、被中动结构、受事主语结构等，其中中动结构为研究的中心。本书在 Jackendoff 平行理论框架下，基于语料库的真实语料，主要研究以下内容：

中动及其相关去及物化结构的界定。语言学界对中动结构的定义特征至今没有得出一致的结论，汉语中动结构的界定因为汉语缺乏形态变得更加复杂。本书旨在确定中动结构的定义特征和典型特征，重新划分中动结构的类型，确定英、汉、韩、日语等语言中的中动结构，从跨语言角度划分中动结构的类型，区分中动结构及其相关结构，如主动结构、被动结构、作格结构、非作格结构、话题结构、难易结构、受事主语结构等。

中动及其相关去及物化结构的生成机制。探讨中动及其相关去及物化结构生成的制约因素，比较多种语言中动及其相关去及物化结构句法和语义限制的差异性。探讨及物性交替现象的制约条件，找出中动化、被动化和去使役化机制的相同点与区别点。

去及物化结构的语言类型学研究。跨语言探讨中动及其相关去及物化结构差异的语言类型学原因，揭示去及物化差异的语言类型学原因。国外的中动研究多集中于英语等印欧语言，本书研究主要集中于英语、汉语，也涉及韩语和日语，对比英、汉语言在中动结构论元实现和结构限制中的区别。最后，动词的分类将被重新考虑，探讨如何区分及物动词和不及物动词。

1.4 研究目标和意义

本研究有助于探讨形式和意义的关系。论元结构是理论语言学的一个核心问题，主要研究句子表面结构的生成，尤其是句法与动词语义的关系。语义论元结构和句法论元结构二者之间的形义错配现象是困扰语言学界多年的一个问题。Jackendoff 平行理论框架下的界面研究代表了句法研究的最新动向，句法-语义-语用界面路径为论元结构研究提供了一个新思路，有助于建立更加有说服力的句法、语义关系理论，有助于与国际语言学研究接轨。

本研究有助于探讨动词及物性交替现象本质，即多重论元句法实现现象的本质。语义论元的句法实现具有较高的灵活性，形义错配多种多样，其中及物性交替现象尤其引人注目。中动结构及其相关去及物化结构(如被动结构和作格结构)共同表现为动词的及物性交替，动词既可以是及物动词，也可以是不及物动词，可以出现在不同的句法环境中。本研究关注动词类别的划分。汉语论元句法实现更具有灵活性，词类划分标准的探讨对汉语动词类别划分具有重要的理论意义。

本研究有助于探讨中动结构的本质。中动结构形式上表现为主动，意义上表现为被动，其句法/语义错配特性备受各个语言流派关注，一直是语法研究的热点问题。本研究对包括中动在内的去及物化结构(如被动结构和作格结构)作了统一的分析，同时还探讨了主动、中动和被动语态的关系。

中动及其相关去及物化结构研究具有语言类型学理论意义，不同语言中及物性交替的句法、语义、语用限制不同，特别是相同意义的动词并不能在所有语言中充当中动词。中动结构及其相关去及物化结构的跨语言对比研究为语言类型学研究提供了一个新的研究视角。

中动及其相关去及物化结构的句法-语义-语用界面研究除了

具有理论研究意义，还具有应用价值，例如：本研究有助于了解人类的认知方式，对研究心理学、人类生物学、计算科学和人工智能具有重要参考价值，其研究成果还可以用在机器翻译上。本研究为语法研究提供了一个新的研究思路，其研究成果可用于其他句式研究，更好地揭示语言何以如此的原因，为语言教学和语法教学服务。中动及其相关去及物化结构的本质及语言类型学差异有助于语言习得问题的研究，尤其对汉语为母语的学习者学习英语、韩语和日语具有重要指导作用。

1.5 本书概览

第一，从跨语言角度对中动结构进行界定，尤其对争议较大的汉语中动结构进行界定，对中动结构的类型进行划分，对中动结构与相关去及物化结构进行区分。

第二，进行关于中动结构生成的文献综述，指出以往研究的研究路径存在的问题与不足。

第三，梳理句法-语义界面理论研究现状并预测界面理论发展趋势，指出建立不拘泥于一种理论、吸取各家之长的综合句法-语义-语用界面是当前论元结构研究的新趋势，同时要做到兼容汉语独特的动词体系。

第四，在Jackendoff平行理论的框架下建立一个综合句法-语义-语用界面理论框架，用以解释句法、语义连接问题，找出英语、汉语中动结构及其相关去及物化结构所受的句法、语义、语用限制，对去及物化结构的生成作统一分析。

第五，对比英、汉语言去及物化的差异，并从语言类型学角度找出差异的原因，同时尝试对动词进一步分类。

第2章

中动及其相关去及物化结构的跨语言界定

中动结构界定的困难主要在于中动结构定义特征的分歧，语言学界至今对中动结构的定义特征没有得出一致的结论。因为无论是形态句法标准还是语义标准都非常复杂，每个句法和语义特征似乎都能找到反例，所以中动结构既难于找到统一的句法结构，也难以找到统一的语义特征。因此，有些学者就否定中动结构的存在。本章从跨语言的角度分析语言学界关于中动结构句法、语义特征的争议，确定中动结构的定义特征和典型特征，目的是从纷繁的争议中找出中动结构的必要和充分条件，在此基础上对中动结构及其相关结构加以区别，并且对汉语、日语和韩语的中动结构进行界定。

2.1 中动结构的特征

2.1.1 及物性转换

及物性转换是广为接受的中动结构的句法特征。中动词原来属于及物动词，在中动构成过程中，中动词减少了配阶，失去施事论元，受事论元从宾语位置上升，占据主语位置。然而对于中动词的本质，语言学家对此也有不同的观点：中动词是及物动词；中动词是作格动词；中动词是非作格动词。还有学者认为，不同语言中中动词的本质不同，Lekakou（2002，2005）和 Condoravdi（1989）就认为中动结构没有普遍的、统一的句法特征，中动结构没有独立的句法地位，而是寄生于其他结构之上，如英语和荷兰语的中动结构就与非作格结构一致，而法语和希腊语的与被动结构一致，具有作格性。也就是说，从跨语言角度，中动词可以是非作格动词，也可以是作格动词。

另外，语言学界早就发现，把中动构成处理成去及物化过程也存在问题，中动词并不都是及物动词，不及物动词也可参与中动构成，这类中动结构被称为“非典型结构”，如 This music dances better than that one，句中 dance 是典型的不及物动词，主语 music 当然也不是受事。蓝红军（2008）提出中动词具有“间及物性”假设，认为及物性动词呈现不及物状态，不及物动词呈现及物动词的语义特征。

虽然关于中动词的本质还有很多争论，但我们可以得出肯定的结论：去及物性特征是中动结构的典型特征。Kemmer（1993）认为中动语态可以从及物性中研究，中动事件表明相对较低的参与者区分度或较低的事件阐释（event elaboration），她给出了一个参与者区分度等级，用来表明中动情景处于典型的两个参与者事件和典型的一个参与者事件之间的区分等级，如图 2-1 所示。

两个参与者事件　　反身　　中动　　一个参与者事件

\+　　　　　　　　　　　　　　　　　　　　—

参与者的区分等级

图 2-1　Kemmer 的事件类型分布与参与者区分等级

中动语态被认为处于主动语态和被动语态之间，但不同语言学家对中动语态的语义有不同看法，Lemmens（1998：72-73）认为中动语态具有被动意义，而 van Oosten (1984) 坚持认为中动结构具有主动语义。截然相反的观点正好说明了中动语态的中间状态，两个语言学家注重了中动语态的一个方面，忽略了另一个方面。中动结构在意义上既有主动意义也有被动意义，被动意义是因为主语是非逻辑施事或动作者（如受事、对象），主动意义是因为非施事论元主语具有主语的普遍特征，即施事或动作者的特征，如意愿性、控制性和责任性。总之，非施事主语的主动结构是中动结构的必要条件。

2.1.2 时体限制

中动结构的第二个句法特征是时体限制，即中动结构不能与过去时和进行体相结合，下面(1)和(2)的例子表明，一般现在时适用于中动结构。

(1) a. Bureaucrats bribe easily.

b. * Bureaucrats are bribing easily.

c. * Bureaucrats have been bribing easily.

(2) a. The car drives easily.

b. * The car drove easily yesterday.

c. * The car will drive easily tomorrow.

但是，中动结构的这种时体限制受到一些挑战，Dixon (1991)，Iwata (1999)和 Hundt (2006)等提出，时体限制不是中动句法结构的必要条件，过去时、进行体、将来时也可以用在中动结构中，如(3)、(4)和(5)：

(3) a. The woolen washed well.

b. That book didn't sell!

(Dixon 1991: 323, 326)

(4) a. Bureaucrats are bribing more than ever in Reagan's second term.

b. The manuscript is reading better every day.

(Fagan 1992: 53)

(5) a. This sexy 2003 should drink well for 7-8 years.

b. It will drink well for 3-4 years.

(Paradis 2009: 57, 62)

可以看出，一般现在时只是中动结构的典型特征，而非定义特征。中动语义的泛指性要求一般现在时，但是中动主语的属性特征使得不具有典型特征的中动结构具有存在的可能性。

2.1.3 附加语效应

附加语效应是指中动结构没有附加语修饰谓语就不可接受，如*The book reads。附加语效应有两类解释：一个原因是句法原因，附加语是由中动词选择的，附加语使得及物动词去及物化；另一个原因是语用和语义原因，如附加语使得中动结构具有新闻价值性。但是，中动结构的状语修饰语也是一个典型特征，而非定义特征，因为尽管大多中动结构没有方式修饰语(如 easily, well, smoothly)就不可接受，但的确存在一些缺少附加语的中动结构，状语修饰语可以由其他方法来代替，如否定、情态、强调 do、重读、语境都能拯救中动结构。如(6)：

(6) a. The book doesn't sell.

b. This book will never sell.

c. Bureaucrats BRIBE.

d. This dress zips up, that one buttons.

e. Der Dreck wäscht sich nicht aus. (German)

f. The spot won't wash out. (Fagan 1992)

从跨语言的角度来看，英语、荷兰语、德语等的中动结构倾向于有修饰附加语，但有些中动结构根本不需要修饰语，意大利语、希腊语和法语等的中动结构没有附加语很正常。如(7)：

(7) a. This umbrella folds up.

b. Diese Kleid knöpt sich zu. (German)

This dress buttons. (Fagan 1992)

c. Le mele si mangiano. (Italian)

The apple eats.

d. Cette chaise se plie. (French)

this chair SE-CL folds (= 'is foldable') (Fellbaum & Zribi-Hertz 1989)

状语修饰语的种类也并不局限于方式状语,也有其他种类的状语存在,如方位和时间状语。如(8):

(8) a. Be sure address reads **through window.**

b. Sturdy clear plastic boxes... assemble **in seconds.** (Fagan 1992)

2.1.4 泛指性

泛指性(genericity)是广为研究者接受的中动结构的语义特征,被普遍认为是中动结构的定义特征,持这样观点的研究者有 Keyser 和 Roeper (1984), Condoravdi (1989), Fagan (1992), Steinbach (2002), Lekakou (2005), Ackema 和 Schoorlemmer (2006),等等。Marelj (2004)认为中动结构是泛指句子,具有未完成体,不能表示特定时间的事件,通常采用一般现在时。Keyser 和 Roeper (1984: 384)指出,中动结构有时也称"泛指句子",用来陈述一般认为是真理的命题。Ackema 和 Schoorlemmer (2006: 132)认为,中动主语论元具有特定的性质特征(individual-level property),或者中动事件具有特定的普遍特征。

研究人员对中动泛指性有不同的阐释,尤其是对中动的泛指量化域有不同观点,这些观点大致可以划分为三种。

第一,Condoravdi(1989)认为中动泛指量化整个事件,与习惯句(habitual sentence)的泛指性一致,如 John smokes a cigar after dinner/We do morning exercises every morning,"约翰抽烟"和"我们做操"是不受限制的真理,在中动句 Bureaucrats bribe easily 中,所有贿赂官员的事件都是简单的。

第二,Fagan (1992: 154), Levin (1982) 和 Fellbaum (1986: 4)否定 Condoravdi(1989)的观点,认为泛化量域覆盖的不是事件

而是隐含施事。Fagan (1992)区别了句子的习惯意义和能力语义,习惯句如 This car goes 200 kph 可以表达两种意义:一是表示习惯意义(这辆车经常每小时行 200 千米),一是表示能力(这辆车能够每小时行 200 千米),但是中动句 This car drives easily 就只有表示能力的意义,开车事件与容易开这种能力没有关系,而是与车的性能有关。因此,中动句不同于习惯句,泛指量化不能覆盖整个事件,中动的泛指意义是指泛指的隐含施事——大多数人或任何人。

第三,Marelj (2004)和 Steinbach (2002)把以上两种观点结合起来,认为泛指算子(GEN)以整个句子作为自己的约束域,约束域内含有所有自由变项,既包括事件变项,也包括隐含施事变项。因此,中动泛指既指事件泛指,又指隐含施事泛指。

隐含施事的泛指性存在一些反例,如英语中有些中动句的施事可以由介词 for 引导,具有特指性,如 The car drives easily for John。因此,中动事件的泛指性更有说服力,中动句的确不同于习惯句。中动句一定是习惯句,习惯句未必是中动句,中动句是习惯句的一种,具有泛指性。中动结构的泛指性推导出中动结构的状态性(stativity)和非事件性(non-eventiveness),Iwata (1999)否认泛指性是中动结构的定义特征,就是因为她认为有些中动结构可以表示事件。

2.1.5 非事件性

非事件性没有一个严格的定义特征,可以用来指独立于时间参照的情景,具有泛指性和状态性。中动结构的非事件性是指中动结构不能表示特定事件,而是陈述中动主语指示对象的特征。非事件性要求中动结构通常是一般现在时态,不能使用命令句、进行体和完成体。然而,我们前面讨论过,时体限制只是中动结构的典型特征,不受时体限制的中动结构的成立应该受其他条件限制。Fagan(1992)认为,进行体的中动结构只有满足正在进行的需要,如连续变化,才可接受,状语附加语 better, every day, more and more 等是表示进行意义的必要条件，如 This manuscript is reading better every day，主语特征随着时间的变化而变化。Yanai(1991)认为不受时体限制的中动结构可以用来表示临时特征，但临时特征是持续一段时间的，而不是点状的，如(9)：

(9) a. The book read well in the 1960s.

b. * The book read well yesterday.

笔者赞同大多数语言学家的看法，认为中动结构具有非事件性，不受时体限制的中动结构只要能表示中动主语的属性特征，就可以成立。Iwata (1999)提出一些进行体例子来否定中动结构的非事件性和泛指性，如 These bureaucrats are bribing easily/?* Bureaucrats are bribing easily，她认为进行体的中动表示正在进行的事件，不定指主语与进行体不融合，因为特定事件不能描述非特定实体，所以后者不能成立。但 Iwata 的例子作为中动结构的接受性都不强，语境能让主语理解为随时间变化而变化的特征时，才可以接受。

英语中还有一类句子经常用来否定中动结构的非事件性，即被中动(passival middle)，这类句子在现代英语早期比较常见(Lightfoot 1979; Traugott 1972)，在现在英语中已很少存在，能带状语的就更少了，如(10)所示。Lightfoot (1974) 认为被中动句是非状态句，这一点毫无疑问，The house is building 相当于 The house is at/in building。Bailey (1996)指出被中动后来发展为进行被动，与中动结构不同。当然，带方式状语的这类句子也可理解为中动句，前提是主语理解为变化特征，如(10)e：

(10) a. The house is building.

b. The dinner is cooking.

c. The turkey is roasting.

d. This passage just isn't translating.

e. The turkey is roasting nicely.

中动结构的非事件性是一个具有争议的特征，有些语言学家认为，从跨语言的角度看，中动结构既可以是非事件性的，也可以是事件性的。Fagan (1992)指出，典型法语中动结构是非事件性的，但也存在事件性中动结构，如 Ce roman se lira bientôt *à* Moscou(这部小说很快就会在莫斯科读到)。语言学界之所以产生分歧是因为关注的中动特征不同，一类是关注语义，一类是关注形式。一些语言(如法语、德语、意大利语、希腊语等)中之所以出现两类中动结构就是因为反身形式标记既可以表示中动，又可以表示被动。Achema 和 Schoorlemmer (2006)把中动结构分成两类：Ⅰ型中动，没有对应的事件结构；Ⅱ型中动，具有对应的事件结构，表示被动。因此，我们可以得出结论：Ⅱ型中动具有歧义性，具有非事件性和事件性两种解读，但不能因此就说中动结构也可以是事件性的，解读为事件性时应为被动句。Dobrovie-Sorin (1998)也认为法语中动 se 和被动 se 有相似的题元结构，但解释不同，中动赋予主语属性，而被动指示事件。Achema 和 Schoorlemmer (2006)赞同 Lekakou (2002, 2005)和 Condoravdi (1989)的观点，即中动结构具有普遍的中动语义，缺少统一的中动句法结构，认为Ⅰ型中动寄生于主动结构，Ⅱ型中动寄生于被动结构。

2.1.6 情态性

情态性(modality)是指中动结构表达情态概念能力或可能，是中动结构的内在意义，中动结构可以改述为含有情态词 can 的被动句。大多数研究人员认为情态性是中动结构的定义特征：Fellbaum (1985)认为中动结构的泛指性与情态性相联系；Fagan (1992)，Ackema 和 Schoorlemmer (1994, 2006)，Steinbach (2002)认为泛指性是一个情态算子；Massam (1992)认为情态性是中动结构的基本特征，情态性致使泛指性。但是有些中动结构并不表达能力或可能性情态，van Oosten (1986)把中动结构(她称为“受事主语句子”)划分为两类：一类称为“责任受事主语句”(Responsibility Patient-subject Sentence)，一类称为“独立行为受事主语句”(Independence-of-Action Sentence)。前者对应典型中动结构，主语具有承担情形或事件的特征，情态动词隐性或显性；后者不具有情态性，不能释义为带有情态动词 can 的被动句，分别如(11)、(12)所示：

(11) a. Some poetry translates easily.

b. Poetry can't translate.

(Massam 1992：122)

(12) a. Let's see how this idea communicates on film. (van Oosten 1986：86)

b. A：You didn't leave enough of a margin on the bottom of the passage.

B：No，it just photocopied too low.

(van Oosten 1977：470)

c. *Harlequin Romances*，worldwide，sell six copies a second. (Fagan 1992：55)

d. Das ... schreibt sich ohne e. (Jäntti 1978：210)
that writes REFL without e.
'That ... is written without e.'

基于独立行为受事主语句的存在，Iwata (1999)就否认情态性是中动结构的定义特征。另外，还有一类中动结构显性情态动词并不是 can，而是 will，shall，might，should 等，如 The floor might wax。Davidse 和 Heyvaert (2007)发现，问题在于不是所有中动结构都含有情态动词 can，他们认为中动结构有情态意义，但是情态意义更为广泛、更为概括的意义是 Talmy (2000)的“让予”(letting)情态，他们把中动结构描写为让予中动结构。笔者赞同 Davidse 和 Heyvaert (2007)的观点，认为情态性是中动结构的定义特征，但是该情态性不仅仅表示能力和可能性，其意义更加广泛。

2.1.7 隐含论元

隐含施事论元是指施事论元只在语义上存在，不能在句法层实现。Zwart (1998)和 Rapoport (1999)认为隐含施事在任何层面上都不存在,但 Iwata (1999), Hoekstra 和 Roberts (1987), Fagan (1988, 1992), Ackema 和 Schoorlemmer (1994, 1995, 2006)等研究人员都支持隐含施事存在,并提出了证据加以证明。

第一,中动结构与非施事性表达短语 all by itself/themselves 在语义上不兼容(Keyser & Reoper 1984; Fagan 1992; Iwata 1999),如(13)中不合语法的句子表明中动结构的施事性:

(13) a. * The bread cuts easily by itself.

b. * The wood carves easily by itself.

第二,隐含施事可以由介词 for 引导,在句法上得以实现,正如被动句的 by 短语一样(Stroik 1992; Hoekstra & Roberts 1993)。如(14):

(14) a. French books read easily for educated people.

b. Latin texts do not translate easily for Bill.

第三,中动结构的附加语可以是隐含施事的短语,如表示努力的短语 with (no, little, a little, some, a lot of) effort, with (without) difficulty 和工具类短语 with a knife, with a pair of glasses。如(15):

(15) a. This floor waxes with no effort.

b. This wood carves easily with a knife.

第四,Stroik (1992)从句法上证明了中动隐含施事的存在,隐含施事在句法上实现为 PRO。根据管辖理论,(16)中的中动句的照应语必须在管辖域内受约束,唯一能够与照应语同标的就是隐含施事。

(16) a. Letters to oneself compose quickly.

b. Arguments with oneself generally end abruptly.

(Stroik 1992: 129)

但是,也有研究人员从跨语言的角度指出,隐含施事不是中动结构的定义特征,因为有些语言中中动结构施事在句法上就可实现。Authier 和 Reed (1996)就声称，法语中动结构，特别是加拿大法语中动结构，与被动结构的特征几乎相同。然而，这一说法非常具有争议性。一般来说，法语中无论是反身被动结构，还是中动结构，都不允许 by 短语出现，除非短语表示泛指。如(17)：

(17) Ces étoffes se repassent facilement par tout le monde.
These fabrics SE iron-3PL easily by all the world
'These fabrics can be ironed easily by everybody.'

即使允许 by 短语出现，被动 by 名词短语和中动 by 名词短语的题元角色不同，前者是施事，而后者不是。Ruwet (1976：105-106)认为，(18)中的 par 短语题元角色是工具。

(18) L'éducation du coeur se fait par les meres.
emotional discipline REFL instill by the mother
'Emotional discipline is instilled through the mother.'

笔者赞同 Kemmer (1993)对中动事件的划分，中动事件介于两个参与者事件和一个参与者事件之间，可以形成连续统，可靠近两端，但不可实现为两端。

2.1.8 中动结构的特征小结

Kemmer (1993)指出，中动语态实现为 13 种中动结构，如身体动作[德语：**sich** verbeugen (鞠躬)]，间接[土耳其语：ed-**in**(获得)]，相互[拉丁语：amplecto-**r**(拥抱)]，情感[德语：**sich** fürchten (害怕)]，认知[印度尼西亚语：**ber**-pikir(沉思)]，自发事件[土耳其语：dinl-**en**(恢复)]，被动事件[德语：der Artikel liest **sich** leicht(这篇文章读起来很容易)]等。

Kemmer (1993)所列举的中动结构都是具有中动语态形态标记的结构，中动结构还包括非中动语态形态标记的中动结构，如 Shibatani 和 Artawa (2007)提到的词汇中动(marry, quarrel 等)。Givón (1993)的中动语态包括一群结构：受事主语、内在的及物动词和不能清晰识别的施事，如反身 get 中动语态(get 被动句：He got rescued)、非施事性中动语态(中动语态不及物结构：The glass broke)。

可以看出，中动语态从意义上标记为中动事件，可以实现为多种中动结构，而语言学界讨论的中动结构只是其中之一，也称“属性中动结构”(dispositional middle)，存在的分歧也只是能否把不同种类的中动结构混在一起。笔者赞同中动结构具有语义普遍性，不同语言采用不同的句法手段实现中动语义，同一语言中也可以有不同的句法手段来实现中动语义，例如德语、法语和荷兰语等语言中的非人称中动结构(impersonal middle)。中动结构的典型和定义特征如表 2-1 所示。

表 2-1 中动结构的典型特征及定义特征

典型特征	定义特征
去及物性	主动形态，被动意义
时体限制	非施事主语
附加语效应	泛指性
	非事件性
	情态性

2.2 中动结构与相关结构的区别

2.2.1 中动结构与被动结构

中动结构与被动结构属于非主动语态结构，一些研究人员(如 Keyser & Roeper 1984)认为中动结构和被动结构一样，都经历了NP 移位，中动动词与被动动词一样，都是及物动词。但是中动结构不能等同于被动结构，二者之间存在许多差异，主要表现在三个方面。第一，大多数语言中，被动句都有特别的被动形态标记，而中动句有两种标记方式，或者是主动形式标记，或者是反身形态标记。第二,被动句具有事件性,而中动结构具有非事件性。第三,隐含论元的差异是中动结构和被动结构最大的区别。隐含论元是中动结构的定义特征,语义上存在,句法上不能实现;而被动结构的隐含论元可以参与句法过程,表现为可以允准 by 短语、能够控制阐述理由分句的逻辑主语以及与隐含施事的副词匹配,(19)的例子说明了中动和被动的区别:

(19) a. * Bureaucrats bribe easily by managers.

a'. The bureaucrat was bribed by Bill.

b. * This bureaucrat bribes easily (PRO to avoid the draft).

b'. This bureaucrat was bribed easily (PRO to avoid the draft).

c. * This bureaucrat bribes deliberately.

c'. This bureaucrat was bribed deliberately.

从中动和被动结构隐含论元的差异可以看出两种结构在施事性(agentivity)方面的差异。中动结构也有施事性,但不同于被动结构的施事性,中动结构的施事性较弱,因为中动结构凸显主语的特征。被动结构不允许不及物动词出现,而非典型中动结构允许不及物动词出现,这种差异进一步显示了中动施事性比被动施事性弱,如 The top loch fishes well。再者,被动结构总是允许 by 短语,而并不是所有的中动结构都允许 for 短语,这正如 Ackema 和 Schoorlemmer (1995)注意到的中动现象,如(20)所示。所有被动结构都有对应的主动结构,而有些中动结构没有对应的主动结构,(21)a 的副词描述中动主语的特征,附加语不能描写隐含施事特征,(21)b 不及物中动词当然不能带宾语:

(20) a. These books don't sell (* for the average shopkeeper).

b. (On shoe chest:) Stows on floor or shelf (* for tidy people).

(21) a. Sheila seduces willingly.

b. The music dances well.

2.2.2 中动结构与作格结构

作格结构一般描写主语所指示的实体状态的变化,也叫作“起始结构”(inchoative),生成语法中作格结构也称作“非宾格结构”。逆致使动词(anticausative)结构与非宾格结构为同义词,逆致使动词是非宾格动词的一部分,不包括 fall, die 等非宾格动词。根据题元角色赋予一致性假设(UTAH),一些研究人员(如 Roberts 1987)认为中动结构就是作格结构,二者在句法上相似,都缺少宾语。但是关于把中动结构等同于作格结构也存在许多争议,二者之间存在很大差异,也存在交集。

第一,中动结构隐含施事,而作格结构没有隐含施事,不能通过中动施事测试。Simargool (2005: 48-49)总结了以下施事测试:

(22) **A. for-phrases**

a. *middle*: This shirt irons easily for Timmy.

b. *ergative*: ♯The leaves fall for Timmy.

B. with/without effort or with/without difficulty

(Greenspon 1996: 67)

a. *middle*: The bread slices without difficulty.

b. *ergative*: *The sun rises without difficulty.

C. when you do it properly(Greenspon 1996: 77)

a. *middle*: The bread slices easily when you do it properly.

b. *ergative*: *The door opens when you do it properly.

D. by accident, unexpectedly, without one's (knowledge, consent), and when no one is around.

(Greenspon 1996: 78)

a. *middle*: *The bread slices easily when no one is around.

b. *ergative*: The door opens when no one is around.

E. all by itself

a. *middle*: * The book reads all by itself.

b. *ergative*: The boat sank all by itself.

第二,中动结构具有非事件性,而作格结构具有事件性。因此,作格结构不受时体限制,既可以像中动结构一样,是一般现在时,也可以是过去时、进行体,如(23):

(23) a. Yesterday the door opened.

b. The door is opening.

第三,典型中动结构都带有方式附加语,用来修饰主语实体的特征,如 easily, well, with great difficulty 等,作格结构一般不带有附加语,即使有附加语,意义也与中动结构的附加语不同。Sakamoto (2001)称中动附加语为"动作评价性 (evaluation-of-action) 副词",作格附加语为"过程(process-oriented)副词",如 smoothly, quickly, rapidly, fast, instantly 等。当然二者之间也有重叠,因为有些过程副词也可以作评价副词,如 smoothly, quickly。

第四,中动动词的语义不同于作格动词,中动动词表示动作的方式,而作格动词表示状态的变化,如(24)所示,中动动词不能出现在作格结构中:

(24) a. Glass broke.

b. The door closed.

c. * The book reads.

d. * Greek translated.

第五,中动结构与作格结构存在交集,一些句子有歧义,既可以解读为中动语意,也可以解读为作格语意,如(25):

(25) a. The heavy windows open easily.

b. Glass breaks easily.

当解读为中动意义时,easily 表示"不难做某事",某人很容易打开窗户,打烂玻璃;而解读为作格结构时,easily 表示"在很小刺激下",窗户自己打开,玻璃自己打烂,外力不来自于人。Fagan

(1998：182)把中动结构和作格结构的交集称作“作格-中动连续体”，并声称“如果中动结构句法上不同于作格结构的话，就只能在于状语修饰语的出现”。Fellbaum 和 Zribi-Hertz (1989)也声称中动结构和作格结构之间的界限不清楚，Sakamoto (2001)认为中动结构基于作格结构，中动结构是作格结构的扩展。

2.2.3 中动结构与非作格结构

Lekakou (2005)，Ackema 和 Schoorlemmer (1995) 否定英语、荷兰语中动词为作格动词，因为中动结构不能通过非宾格性诊断。英语使役-起始成对动词一般在形态上没有差异，但的确有少量及物动词和非宾格动词具有不同的形态标记，如 raise/rise。中动结构如果是作格结构的话，应该把 rise 作为中动词使用，但是情况并非如此，如(26)a 所示，raise 是中动词。因此，中动结构被认为与非作格结构一致。

(26) a. Obedient daughters raise more easily than disobedient sons.

b. The sun rises from the east.

(Lekakou 2005：31)

Sakamoto (2001)提出中动结构基于非作格结构，中动结构与非作格结构语义上相连，二者之间界限模糊，其主要原因是有些中动结构主语具有意愿性，中动语义独立于施事，如(27)所示：

(27) a. Let's see how this (idea) communicates on film.

b. You come across a verb that won't translate right.

c. I don't discourage so easily.

但中动结构与非作格结构存在很大区别，表现在事件性、施事性、时体、附加语等方面。中动结构具有非事件性，而非作格结构具有事件性；中动结构具有隐含施事，虽然施事性的程度有差异，而非作格结构只有一个外论元；中动结构受时体限制，有附加语修饰，而非作格结构不受时体限制，没有附加语修饰语。非作格动词为意愿控制和自主动词，(28)中的例子为非作格结构，其动词不能出现在中动结构中。

(28) a. John slept well yesterday.

b. John laughed.

2.2.4 中动结构与反身结构

反身结构的类型具有多样性，Chung (2003)把英语反身结构划分为六种类型，如(29)所示。其中类型Ⅱ和类型Ⅲ与中动结构相似，例子中的大写单词表示重读。

(29) a. Ⅰ：John CUT himself.

b. Ⅱ：The car practically sells ITSELF.

c. Ⅲ：The solution SUGGESTED itself yesterday.

d. Ⅳ：John HIMSELF cleaned the room.

e. Ⅴ：John SHAVED (himself).

f. Ⅵ：The door OPENED itself.

类型Ⅱ和类型Ⅲ反身结构的先行词为受事而非施事，这与印欧反身标记中动结构相似，一些语言学家就把这两类结构当作中动结构，Fellbaum (1989)称之为“反身中动”。但是中动结构与反身中动结构之间存在很多差异，表现在以下几个方面。

第一，中动结构有隐含施事，而反身中动没有。Fellbaum (1986)和 Greenspon (1996)把反身中动结构的主语解释为隐喻施事，反身中动不需要外部施事，自己完成动作，可以用副词 practically, virtually, almost 等来标记。因此，反身中动与作格结构一致，可以跟副词表达式 all by itself，如(30)：

(30) a. The door closes itself all by itself.

b. The door opened itself all by itself.

c. The poems of Pushkin read themselves all by themselves.

(Chung 2003：468)

第二，中动结构为非事件性、状态性，一般为一般现在时；而反身中动具有事件性，不受时体限制，过去时和进行体都可以出现在反身中动中，如(31)：

(31) a. The potato was baking itself.

b. The fruit sold itself.

第三，中动结构一般有状语附加语来修饰句子，即使没有状语附加语，也有其他形式，如重读、否定等手段来修饰句子；反身中动不要求必须有修饰成分，如果状语修饰语出现的话，其位置也与中动附加语不同。中动附加语常为促进类副词，放置于句子末尾；而反身中动的附加语为方式副词，放在句中，如(32)：

(32) a. * These problems solve themselves easily.

b. These problems could easily solve themselves.

(Fellbaum & Zribi-Hertz 1989: 125)

第四，中动结构与反身结构的动词使用具有重大差异。Fellbaum (1989)指出，以下动词只能出现在中动结构中：效果动词（如 saw, slice, paint），摄取动词（如 digest, smoke），创造动词（如 compose, throw, crochet），表示受影响客体的变化、一致性、整体性的动词（如 split, shatter, crush, crumble）及少量心理动词（如 frighten, scare）。根据 Levin (1993)，反身中动动词包括虚拟反身转换动词（virtual reflexive alternation，如 cut, polish, open, sell）和外观反身动词（reflexive verbs of appearance，如 assert, declare, define, express, manifest, suggest）。前者属于类型Ⅰ反身动词，后者属于类型Ⅱ反身动词。Chung（2003）还指出，类型Ⅲ反身动词也包括一些不是外观反身动词的词，如 adjust, assemble, move。中动结构与反身结构的确有共享的动词，但有些动词只能出现在一种结构当中，如(33)：

(33) a. * This solution suggests easily.

b. This solution suggests itself.

c. These rolls slice well.

d. * These rolls slice themselves.

第五，反身中动中的反身代词在句中是必需的，不能省略，如

(34)，所以反身代词所处的位置为论元位置，而类似的中动标记并不是论元，如 Fagan (1992)和 Steinbach (2002)就指出，德语中动结构的反身代词不是论元。

(34) a. ... and the poems of Pushkin read * (themselves).

b. ... occasionally writing a prayer that almost wrote * (itself) after a meditation.

(Chung 2003：474)

2.2.5 中动结构与难易结构

中动结构与难易结构(tough construction)在句法和语义上最为相似，表现在泛指性、受事论元主语及其责任性、状态性、不允许 by 短语等方面。但是难易结构并不是中动结构，二者存在很大差异。

第一，二者最重要的区别是隐含论元。隐含论元是中动结构的定义特征，只有少数中动允许 for 短语，而所有的难易结构都允许 for 短语。中动结构与难易结构对比如(35)：

(35) a. These books don't sell (* for the average shopkeeper).

b. The toy is easy to assemble (for Mary).

第二，中动结构处于主动结构和被动结构之间，其划分基于实义动词；而在难易结构中，系动词加形容词起谓语作用，并不是中动语态的表现。而且，难易结构的不定式动词远没有中动结构所受的限制大，难易结构甚至可以有被动短语，如(36)所示。另外，中动主语必定是中动词的论元，而难易结构的主语可以是嵌入补语的逻辑宾语，依存路径较长，如(37)：

(36) a. This article is hard to understand.

a'. * This article understands only with difficulty.

b. The book is easy to get finished.

b'. * This book gets finished easily.

(37) a. This book is hard to get her to avoid reading.

b. The house is too old to get anyone to try to renovate.

（Ackema & Schoorlemmer 2006：140）

第三，中动结构和难易结构都表示泛指，但二者泛指类型不同。中动结构表示主语特性，而难易结构表示习惯，所以中动结构受时体限制，难易结构并不受此限制，如(38)：

(38) a. *The book read easily.

b. The book was easy to read.

第四，中动结构与难易结构的修饰语尽管有重合的地方，但也存在区别，二者在句子中发挥不同的作用。中动结构的附加语用来描写主语的特征，而难易结构的形容词用来描写体验者的心情。只有少数几个描写体验者心情的形容词用在难易结构中，如 easy，convenient，annoying 等，表示主语特征的形容词不能出现在难易结构中，如(39)：

(39) a. Credit cards are convenient to carry.

b. *The car is smooth to drive.

从以上的讨论可以看出，中动结构及其相关去及物化结构之间存在许多相同之处，各个结构之间存在重叠的地方。从及物性上来说，这些结构处于连续体中：被动结构及物性最强；反身结构有两个论元，处于及物性较强的一方；非作格结构主语施事性最强，只有一个外论元，处于及物性较弱的一方；中动结构靠近反身结构，具有隐含论元；作格结构靠近非作格结构。连续体如图 2-2 所示。

被动结构　反身结构　难易结构　中动结构　作格结构　非作格结构

＋　　　　　　　　　　　　　　　　　　　　　　　　－

图 2-2　去及物化结构连续体

中动结构与相关去及物化结构之间存在巨大差异，尤其表现在非事件性、隐含论元(句法上不能实现)、附加语、时体限制、by 短语的实现、去及物性、主语论元角色等方面，其差异性如表 2-2 所示。

表 2-2　中动与相关去及物化结构的区别

结构＼特征	客体主语	隐含论元	非事件性	去及物性	情态性	附加语	时体限制	by短语	for短语
中动结构	√	√	√	√	√	√	√	×	√/×
被动结构	×	×	×	√	×	×	×	√	×
作格结构	√	×	×	√	×	×	×	×	×
非作格结构	×	×	×	×	×	×	×	×	×
反身结构	√	×	×	×	×	×	×	×	×
难易结构	√	×	√	√	√	√	×	×	√

2.3 汉语中动结构的界定

汉语中动结构的界定是一个较为棘手的问题，因为各持不同的判断标准，语言学界存在多种有关中动结构的观点。本节在跨语言中动结构特征的基础上，探讨几种汉语中争论较多的中动结构存在的可行性，最终确定汉语中动结构。

2.3.1 NP(对象)＋V-起来＋AP 结构

2.3.1.1 NP(对象)＋V-起来＋AP 结构的中动界定

汉语界大多数研究人员(如赵运明 2002，韩景泉 2003，何文仲 2007，杨晓军 2008 等)把 NP(对象)＋V-起来＋AP 结构界定为汉语中动结构，因为该结构具备中动结构的典型特征，如非事件性、受事主语、隐含施事等。宋国明 (1994) 最早把泛指性"V-起来"结构界定为中动结构，"-起来"为中动形态标志。纪小凌 (1995，2006) 观点与宋国明一致，不过她把中动"-起来"称为评价性"-起来"，"V-起来"不可删除的才是真正的中动结构。曹宏(2003，2004a，2004b)把中动结构分为三种结构：NP＋V-起来＋AP、NP＋V-上去＋AP、NP＋V-着＋AP，把中动句划分为"V-起来"可以前置和不可前置型，可以删除和不可删除型。曹宏与宋国明的观点有一个很大的区别，即曹宏认为“V-起来”在句中作状语，AP是谓语核心，而宋国明则认为“V-起来”是句子的谓语。另外，曹宏认为AP修饰语可以修饰施事，而宋国明则认为这样的结构是“V-起来”从属结构而非中动结构，中动结构中的AP必须指向受事主语，如(40)所示。曹宏(2004a：20)的例子(41)则表明AP指向不受限制。

(40) a. *The book reads passionately.

b. 这辆车开起来很顺。

(41) a. 在《冬夜》[中]所有的诗，说起来很惭愧。

b. 这么一想，我们大家都不敢提这件事了，提起来心里发乱。

余光武、司惠文(2008)把“V-起来”结构划分为三类，判断其归为哪类的测试有四个：“V-起来”能否删除；“V-起来”能否移位到句首；能否转换成难易句；能否插入隐含施事。只有类型A中“V-起来”可以被删除，并且能够移位到句首；只有类型B可以插入隐含施事；只有类型C可以转换成难易结构。三类结构分别如(42)所示：

(42) a. 类型A：这本书读起来很动人。

b. 类型B：这本书读起来很轻松。

c. 类型C：这本书读起来很容易。

类型A中“V-起来”作状语，可以比较自由地删除和移位；类型B中句首NP为话题，所以可以插入施事，“V-起来”在句中作主语，AP作谓语；类型C中“V-起来”作谓语，AP作补语，只有类型C才是真正的中动结构。这三种句式的层次结构关系如下：

句式A：$NP_{主}$＋｜V-$起来_{状}$＋$AP_{谓}$

句式B：$NP_{话题}$＋｜V-$起来_{主}$＋$AP_{谓}$(?)

句式C：$NP_{主}$｜＋V-$起来_{谓}$＋$AP_{补}$

可以看出，余光武、司惠文(2008)对中动结构的界定要比曹宏

(2003, 2004)等人的界定严格得多,他们的中动结构与典型英语中动结构特征一致。陈立民(2006)同意曹宏把NP+V-起来/上去/着+AP界定为中动结构,但他认为汉语中动结构不是英语中动结构意义上的中动结构,即汉语中动结构和英语中动结构不是一回事,汉语中动结构的界定没有完全比附英语中动结构,例如:他认为汉语中动结构由两个分句构成,二者之间为因果关系:中动句=动词谓语小句+形容词谓语小句。林志杰(2008)对中动结构的界定也相对宽泛,他不仅把评价性"V-起来"句作为中动结构,也把事件性"V-起来"句作为中动结构,分别如下:

(43) a. 这本书卖起来很快。

b. 他做起事来很认真。

2.3.1.2 NP(对象)+V-起来+AP结构的非中动界定

然而,汉语界也有许多研究者否定"V-起来"结构的中动地位,对于汉语是否存在中动结构持谨慎和怀疑态度。殷树林(2006)通过对比"V-起来"结构和英语中动结构,发现两种结构之间存在三个相同点、六个不同点,异远大于同,而且"V-起来"结构的谓语或谓语中心语是形容词而非动词。因此,他得出结论:"V-起来"结构不是汉语中动结构,而是汉语中常见的话题结构。殷树林(2006)把"V-起来"结构划分为两类话题结构:话题/主语+状语+谓语中心语、话题+主语+谓语。这两类划分分别等同于余光武、司惠文(2008)的句式A和B。

古川裕(2005)也不认为"V-起来"结构是中动结构,而是将其称作"疑似中动结构"。因为虽然句首NP与VP之间是受动关系,但是句首NP对AP来说,不是客体而是典型的主体。严辰松(2011)认为"起来"句不是英语等语言中动结构的对等句式,因为汉语"起来"句中只有一小部分能表达英语中动句的意义,且汉语中尚有其他形式能够表达同样的意义。

王煜匀(2005a)采用三个句法诊断方法证明"V-起来"结构根本不是中动结构。他认为"V-起来"结构只是由于相似的语义翻译偶尔与英语中动结构相似，这两种结构有着不同的结构表达式和语义表达式。

首先，“V-起来”结构不仅有泛指意义，也可以有事件性意义，如(44)所示，“V-起来”结构表示过去的事件。

(44)昨天，这辆车开起来很顺。

其次，“V-起来”结构和英语中动结构根本不是同一结构，它们受不同的构成限制，如(45)所示，“V-起来”结构与状态动词(或者说是心理动词)不兼容，而英语中动结构则允许心理动词。

(45) a. This colt frightens easily.

a'. *这匹小马吓起来很容易。

b. *French learns easily.

b'. 法文学起来很容易。

再次，英语中动结构中逻辑主语是隐含的，如果出现，必须用for来引导，而“V-起来”结构中施事可以出现在主语位置，如(46)：

(46) a. The book translates easily for Mary.

b. 玛丽穿起这件洋装来很漂亮。

2.3.1.3 NP(对象)＋V-起来＋AP结构的中动地位讨论

从以上的讨论可以看出，对于“NP＋V-起来＋AP”结构的中动地位的观点，可以概括为三种：一种是赞同，一种是否定，一种认为其部分是中动结构。无论哪种观点，都是在英汉比较的基础上得出的。笔者反对完全比附英语中动结构，因为不同语言实现中动语义的语法手段不同，只要具备中动结构的定义特征即可。但是中动词主动形式表示被动意义这一定义特征是确定“V-起来”结构中动地位的分歧所在，因为“V-起来”被认为是状语，AP才是谓语，NP为话题，或者“NP＋V-起来”为句子主语。因此，要确定“NP＋V-起来＋AP”结构是否为中动结构，必须确定“V-起来”及句首NP的性质。只有“V-起来”作为谓语，句首NP作为主语，才有必要探讨中动结构。

首先，先看一下“NP＋V-起来＋AP”结构的语法层次解析。

尽管汉语主语可以实现为 VP 或 NP＋VP，笔者认为 NP 和 VP＋AP 之间是语法结构分析的第一层次，因为根据范继淹（1983：222）语法层次划分原则，每个直接成分都应该具有最大独立性，也就是说，直接成分应该在结构上和意义上独立。“NP＋V-起来＋AP”结构中，“V-起来＋AP”是一个有意义的结构，而“NP＋V-起来”不是，如“开起来很顺”“* 这辆车开起来”。再者，根据范继淹（1983：231）并立扩展理论，如果结构 A＋B＋C 的两个成分可以并立扩展，如 AB＋A'B' 或 BC＋B'C'，那么这两个成分就构成一个结构。“NP＋V-起来＋AP”结构中，能够并立扩展的只能是“V-起来＋AP”，如“这件事说起来容易办起来难”。

接下来，就要看看“V-起来”的性质。余光武、司惠文（2008）和殷树林（2006）把部分“V-起来”当作主语，因为这类“V-起来”结构可以插入施事，笔者认为插入的施事在句子中作主语，“V-起来”就不可以为主语。“V-起来”被认为是状语的证据首先是其能够删除和自由移位，但是的确有一些“V-起来”无法删除，也就无法证明这些“V-起来”为状语，只好认为只有无法删除和移位的是中动结构，但是这两类“V-起来”可以并列使用，于是就很难说它们不是一类结构，如（47）：

（47）a. 这种蛋糕吃起来很松软，但做起来很麻烦。

b. 这门课听起来很有意思，但教起来很有挫折感。

“V-起来”被认为是状语的证据其次是量词“都”、否定词“不”和情态词出现在 AP 前，而一般认为这些词出现在谓语前，因此，AP 是谓语（宋国明 1994：75-76）。如（48）：

（48）a. 这辆车开起来都/不/应该很平稳。

b. 这辆车?? 都/* 不/?? 应该开起来很平稳。

然而，赵运明（2002）指出，量词、否定词、情态动词也有可能出现在附加语前面，如（49）所示。因此，也就说明用这些词判断谓语并不可靠。

（49）a. 这个仗打得不/应该很漂亮。

b. 这个仗打得都很漂亮。

宋国明(1994)提出了中动假设,"V-起来"为中动动词,其中一个重要证据是像英语和拉丁语系中动结构一样,如(50)a,"V-起来"的隐含的外论元约束主语 NP 中的照应语,因为外论元成分统制内论元,如 (50)b。根据 Chomsky (1981)约束条件 A,"V-起来"一定是主语谓语,如果是附加语,就无法解释删除"V-起来"后的不合语法性。如果 AP 是谓语,就没有隐含的外论元,如 (50)c:

(50) a. Books about oneself never read poorly. (Stroik 1992: 129)

b. 批评自己的报告写起来不容易。

c. *批评自己的报告不容易。

笔者赞同宋国明(1994)的中动假设,但不可否认的是,英、汉中动结构存在许多不同,如中动词、附加语、中动结构式意义等方面,这些不同在后面章节中再细致研究。现在还必须澄清中动结构与话题结构的关系。"NP+V-起来+AP"结构具有歧义性,其或者为中动结构,或者为话题结构。汉语是话题突出语言和 pro 脱落语言,如果在 NP 后停顿,就可把 NP 理解为话题,主语脱落。当主语实现时,就只能理解为话题结构,如(51):

(51) a. 这件衣服穿起来很漂亮。(中动结构)

b. 这件衣服,穿起来很漂亮。(话题结构)

c. 这件衣服,玛丽穿起来很漂亮。(话题结构)

2.3.2 意念被动句

意念被动句 (notional passive) 也称作"假被动句",郑礼珊、黄正德(1994)指出,对应于英语中动结构,只有表达某种结果或包含受影响受事的谓语可以进入假被动结果句式。因此,假被动结果句式是汉语中动结构。丁仁(2006)和 Baglini(2007)也持此类观点。如(52):

(52) a. 手帕哭湿了。

b. 气球吹破了。

吴家益(2008)把汉语中动结构称作“中被动结构”,他否定(52)中例子的中动结构地位,而认为它们是话题结构,因为这些结构中可以插入施事,(53)中的例子不能插入施事,是真正的汉语中动结构。

(53) a. 李四下放到了四川。

b. 张三绊倒在家门口。

c. 河川污染得很严重。

d. 社会撕裂得很严重。

e. 蛋糕压扁了。

为了证明意念被动句为中动结构,丁仁(2006)论证了意念被动句的句首NP为主语而非话题,他的论证基于句首NP能够反身约束,他认为能够反身约束的动词前的NP必定是主语,如“李四$_i$下放到了自己$_i$的家”。笔者赞同动词前NP的主语地位,但是把意念被动句界定为汉语中动结构过分注重了形态,没有考虑中动语义。意念被动句具有事件性,不具备泛指性、情态性,所以笔者认为该结构不能称作中动结构。

2.3.3 难易结构

语言学界对难易结构的中动地位一直有分歧,主要有两派观点:一是认为难易结构是汉语典型的中动结构,如白瑞雪(2003)、古川裕(2005)、戴曼纯(2001)、何元建(2010)等人的观点;二是认为难易结构不是汉语中动结构,而是对应于英语难易结构,如宋国明(1994)、纪小凌(2006)、何文忠(2007)、杨晓军(2008)等人的观点。常见难易结构如(54):

(54) a. 孩子好蒙。

b. 这个道理好懂。

c. 这个题目十分难答。

d. 剧本不容易写。

笔者认为汉语难易结构能否成为中动结构的关键在于该结构的语法层次及AP和VP的性质。关于AP和VP的性质,主要有五种观点：AP＋VP 为单一形容词复合谓语；AP＋VP 为双谓语（陆俭明 1993）；AP 为状语，VP 为谓语（朱德熙 1999）；AP 为情态动词，VP 为谓语（吕叔湘 1980）；AP 为谓语，VP 为补语。这五种观点中只要 AP 在句中作谓语，该句就不是中动结构，因为中动结构的界定基于动词，介于主动和被动之间。因此，成为中动的可能性就落在第三和第四种观点上。AP 为状语不可能，一是因为 AP 修饰谓语，应该是方式状语，难易句中的 AP 不表示方式，而是表示状态；二是因为状语可以省略，而 AP 省略后句子就不成立，AP 在句中是必要成分。同样 AP 也不能作情态动词，因为情态动词也可以省略。如(55)：

(55) a. 这篇文章**容易**翻译。

b. 这辆车**好**开。

c. 目标**不容易**实现。

除了"好""难""容易"等常见难易结构外，难易结构还包括(56)中的例子，句中的 AP＋VP 更像是一个复合形容词。

(56) a. 这种地板耐磨。

b. 这姑娘可爱。

c. 这种楼房抗震。

难易结构中的形容词最有可能为形容词。古川裕(2005)认为"好＋V"是形容词，"好＋V"前都可以加上"很"修饰，符合朱德熙(1982)对形容词的判断标准；熊仲儒(2011)也论证得出"好＋V"是形容词，难易句的主语 NP 虽然与 V 有选择关系却不能还原到 V 后位置，如"*好蒙小孩"。因此，尽管难易结构与英语中动结构在意义上最为相似，笔者也不赞同把难易结构处理成中动结构。

2.3.4 NP(受事)＋情态动词＋VP 结构

有些非典型英语中动结构不带有表示性状的副词，而是采用否定、情态动词、强调助词等手段使得中动结构成立，汉语也有相应的表现方式，如(57)：

(57) a. Your new oven will clean in minutes. (Fellbaum 1986：5)

b. This meat doesn't cut.（Fellbaum 1986：9）

c. 这个问题能解决。

d. 这种纸可以洗。

一些研究人员把此类结构当作中动结构，如何文忠(2005)、Tao Yuan (2001)称之为“能＋可中动结构”。此类中动结构具备中动结构定义特征，笔者也赞同把这类结构归到非典型中动结构中。

2.3.5 “得”/“不”字结构

汉语有一种独有的结构——“得”字结构，“得”字结构主要为结果句式，如(58)a、b，形容词表示动作的结果；但也有些“得”字句可表示泛指、属性意义，如(58)c、d、e为中动句式，表示受事主语的属性，“得”为情态动词。

(58) a. 这个房间打扫得很干净。

b. 这件衬衫洗得干净。

c. 这个花瓶打得破。

d. 大米晒不得。

e. 那件衣服穿得。

如果用否定词“不”对“得”字结构进行替换，不管是泛指“得”字结构，还是结果“得”字结构，都可以为中动结构，如(59)a、b：

(59) a. 这件衣服洗不干净。

b. 这个花瓶打不破。

熊佳娟(2013)也发现了“得”和“不”中动，并且指出“不”中动比起“得”中动具有多产性，但她没有提及(58)d、e没有形容词的“得”字句。可以看出，这类中动结构与英语非典型中动结构类似，可以有否定和情态动词。

2.3.6 作格结构

正如前面探讨的英语作格结构，汉语作格结构描写自发状态变化的自然过程，受事主语发生状态的变化，如(60)：

(60) a. 城市爆炸了。

b. 雪融化了。

c. 叶子落了。

现代科技的发展也使得受事主语自动发起或经历变化，构成作格结构，如(61)：

(61) a. 公司运转得很成功。

b. 机器运转得顺畅。

c.(自动)门开了。

中动结构的隐含施事是其区别于作格结构的关键特征，中动结构具有隐含施事，而作格结构缺少施事。中动结构表示对主语性质的评价，为非事件结构，而作格结构是对主语状态变化的描写，所以作格结构与中动结构是两种不同的结构。

2.3.7 受事主语句

贺晓玲(2005)研究了受事-主语结构(patient-subject construction)，她把受事-主语结构界定为汉语的中动结构，这样一来，汉语中动结构的范围极大地扩大了，不仅包括前面探讨的“V-起来”结构、难易结构、意念被动结构、作格结构，还包括前置宾语结构等所有非施事主语结构，如(62)：

(62) a. 酒喝光了。

b. 课听烦了。

c. 信寄走了。

d. 论文写完了。

贺晓玲(2005)也是因重视中动结构的受事主语形式，而忽视了整个结构的意义。笔者认为，在研究汉语中动结构时，在一定程度上比附英语中动结构是可行的，研究人员最先在英语和其他印欧语系中发现了中动结构，我们就应该以此为基础查找汉语中有没有这类结构。贺晓玲(2005)等提出，非评价性结构也能界定为中动结构，但是属于另外一类中动结构。高秀雪(2011)就把中动结构分为评价类中动结构和描写类中动结构，如果把汉语不同类型的中动结构与英语中动结构进行比较研究，就失去了对比的意义。前文指出，中动语态可以实现为多种中动结构，笔者只研究属性中动结构。

另外，即使是评价性受事-主语句也并非都是中动结构，如难易结构。还有一种比较特殊的结构叫"主语-宾语易位句"(subject-object inversion construction)，易红(2013)认为该类结构是中动结构，如(63)：

(63) a. 一锅饭吃十个人。

b. 一间房住六个人。

能进入这类结构的只有表示消耗和住宿的动词，陆俭明(2011)把该结构分析为表"容纳量－容纳方式－被容纳量"。笔者认为，这类结构虽然有对主语评价的意义，但更多的是描述状态，可以自由表示过去，如"一锅饭吃了十个人""一间房住了六个人"，施事在句中是显性的。因此，它不符合中动结构的定义条件，这类句子和英语句子 The seat can sit two persons 相似。

汉语界中动结构与其他结构的关系可以总结为表 2-3。

表 2-3　汉语中动结构与相关结构

结构 地位	NP(受事)＋V-起来＋AP 结构	意念被动句	难易结构	NP(受事)＋情态动词＋VP 结构	"得"/"不"字结构	作格结构	受事-主语结构	主宾易位结构
中动	√			√	√			
非中动		√	√			√	√	√

2.4 日语中动结构的界定

日语中是否存在中动结构也是令人比较头痛的问题，研究人员对日语中动结构较少涉及，日本学者对英语中动结构讨论较多，对日语中动也视而不见，至今作者找到的文献中明确研究日语中动结构的只有 Taguchi(2007)，Taguchi 和 Niinuma(2009)。对应于英语中动结构和难易结构，日语中动结构和难易结构分别如(64)a、b：

(64) a. この 本が/は 簡単に 読める。

这本书读起来简单。

'This book can be read easily.'

b. この 本が/は 読みやすい。

这本书好读。

'This book is easy to read.'

(Taguchi & Niinuma 2009：1876)

(られ)え为中动标记，与可能态后缀和部分被动态后缀同音，中动动词表现为自动词和他动词的可能形式，主语或者主格标记，或者话题标记。

Taguchi(2007)，Taguchi 和 Niinuma (2009)声称，日语中动结构中句首名词为宾语，为主格论元或话题化的论元，句子主语是隐含的，为内在的与格论元，中动结构不是由于移位生成。他们所说的主格宾语和与格主语其实和英语中动的受事主语和隐含施事是一回事。在句法表层上，内论元为主语，外论元隐含；在语义上，内论元为宾语，外论元为深层主语。为了证明中动结构存在隐含代词 pro，他们提出三条证据：

第一，反身代词"自己"必须由[＋人类]主语先行成分许可，(65)中句子的合法性表明中动结构有隐含主语。

(65) 自分の 本が/は 簡単に 読める。

自己的书看起来比较容易。

'Self's book can be read easily.'

第二，附加语中省略的主语要受到主句主语的控制，(66)中句子的合法性表明，附加语省略的主语得到了许可，中动句的隐含主语控制了省略的主语。

(66) 楽しみながら(でも)、この 本が/は 簡単に 読める。

即使是作为消遣，这本书读起来也不费劲。

'Even while enjoying, this book can be read easily.'

第三，谓语中出现主语敬语就要求主语在社会地位上高于说话人，(67)中"泛指读者"受到尊敬，表明中动结构有主语激发主语敬语化(subject honorification)。

(67) この 本が/は 簡単に お読みになれる。

这本书读起来简单。

'This book can be read easily.'

Taguchi(2007)，Taguchi 和 Niinuma(2009)认为内部论元在派生过程中一直是宾语，因为它不能通过主语身份测试。三条诊断测试如下：

第一，具有[＋人类]特征的句首内论元不能与反身代词"自己"同指，不能是"自己"的先行词，如(68)：

(68) a. この 人が/は 簡単に 騙せる。

这个人很好骗。

'This person can be deceived easily.'

b. *この 人$_i$が/は 自分$_i$に とって 簡単に 騙せる。

这个人对我来说很好骗。

'This person can be deceived easily for self.'

第二，具有[＋人类]特征的句首内论元不能控制内嵌分句删除的主语，这就表明该论元不能作主语。

(69) #笑いながら(でも)、この人が/は 簡単に 騙せる。

不是我说笑，这个人很好骗。

'(Even) while smiling, this person can be deceived easily.'

第三，具有[＋人类]特征的句首内论元不能激发主语敬语化，而隐含外论元可以激发，如(70)：

(70) #この人が/は 簡単に お騙しになれる。

这个人很好骗。

'This person can be deceived easily.'

日语中动结构内论元同时具备主格以及宾语地位表明了中动结构具有主动形式、被动意义，再加上隐含施事外论元，表明日语中动结构具备中动结构的定义特征。笔者赞同 Taguchi(2007)，Taguchi 和 Niinuma(2009)关于以上日语中动界定的观点，也赞同他们把难易结构处理为独立的结构，因为尽管二者非常相似，但日语难易结构不是中动结构。他们没有探讨难易结构独立地位的原因，笔者认为日语难易结构的动词加上难易词缀后已经变成了形容词，如(71)所示，而中动结构必须基于中动动词。

(71) この 本が/は 読みやすい。

这本书很好读。

'This book is easy to read.'

2.5 韩语中动结构的界定

韩语研究人员对韩语中动结构的研究也比较少，韩语中动结构的界定也是一个模棱两可的问题。关于韩语中动结构的界定大致有三种观点：一是韩语中动结构有多种；二是韩语没有中动结构；三是韩语有句法上对应于英语中动结构的被动结构。我们分别来看看这三种观点。

基于中动语义特征，即中动结构的主语具有双重特征，既是动词所表示事件的起点(刺激)，也是终点，Park(1994)把韩语中动结构分为六种：致使-被动中动(caused-passive middle)、反身中动(reflexive middle)、相互中动(reciprocal middle)、刺激-体验者中动(stimulus-experiencer middle)、促使中动(facilitative middle)和自发-事件中动 (spontaneous-event middle)，分别如下：

(72) a. 인호가 미나에게 안겼다.(致使-被动中动)

仁浩被美娜抱着。

'Inno (let himself be caused to) be embraced by Mina.'

b. 인호는 언덕으로 달렸다.(反身中动)

仁浩跑向坡。

'Inho ran (himself) toward the hill.'

c. 물과 기름은 안 섞인다.(相互中动)

水和油不相融。

'Water and oil do not mix.'

d. 그 산이 보인다.(刺激-体验者中动)

看见那座山了。

'The mountain is visible.'

e. 이 논문이 잘 읽힌다.(刺激-体验者中动)

这个论文经常被(很多人)读。

'The paper is easy to read (or this paper is read well.).'

f. 이 책은 잘 팔린다.(促使中动)

这本书卖得很好。

'This book sells well.'

g. 눈이 자꾸 감긴다.(自发-事件中动)

眼皮老往下耷拉。

'(My) eyes keep closing.'

Park (1994)的中动界定本身没有问题,正如 Kemmer (1993)划分了 13 种中动结构一样,中动语态可以实现为多种中动结构。但是,本书只研究属性中动结构,所以只有(72)f 才是笔者要研究的与英语中动对应的结构,主语为受事或类受事论元,具有隐含施事,从这个角度看,韩语中有中动结构。

Cho (1993, 1995, 1998)找出两种潜在韩语中动结构,类型Ⅰ和类型Ⅱ。类型Ⅰ没有特定的中动语素,与英语中动结构相似;类型Ⅱ有特定的中动语素,与德语和法语中动结构相似,分别如(73)a、b:

(73) a. 차가 잘 움직인다.(类型Ⅰ)

车动得很好。

'The car moves well.'

b. 책이 잘 팔린다.(类型Ⅱ)

书卖得很好。

'The book sells well.'

Cho认为以上两类结构不是真正的中动结构,因为它们不符合中动结构的典型特征,如它们可以表示事件,可以带by短语,可以出现过去时和进行体,可以不表示情态性等。他认为类型Ⅰ为非宾格结构,最具有说服力的是该结构能带上스스로(自己)和도우메(自助),这与中动隐含的施事不相兼容,如(74):

(74) a. 차가 스스로 움직인다.

车自己动。

'The car moves all by itself.'

b. 종이 스스로 울린다.

钟声自己响了。

'The bell rings all by itself.'

c. 울음이 스스로 그친다.

哭声自己停止了。

'The crying stops all by itself.'

大多类型Ⅱ结构相当于Park的促使中动结构,但Cho认为类型Ⅱ为被动结构,Park的促使中动结构不是真正的中动结构,主要理由如下:

促使中动结构中的施事也可以由에 의해서(by短语)引导显性出现,而且控制不定式目的分句,表明类型Ⅱ是典型的被动结构,如(75):

(75) a. 동화책은 아이들에 의해서 주로 많이 읽힌다.

童话书主要被孩子们读。

'The fairy tale books are read mainly by children.'

b. 선물을 받기 위해서 화장품이 잘 팔린다.

为了得到礼物,化妆品卖得很好。

'* The cosmetics sell well [PRO to receive a gift].'

另一个理由是类型Ⅱ表示事件，非泛指，这与中动结构的非事件和泛指要求相悖。如(76)a 有表示事件的位置标记，(76)b 有特定时间参照点，不能表示泛指。

(76) a. 이 밀은 특히 시골에서 잘 갈릴것이다.

这种麦子尤其在农村磨得好。

'This wheat is being ground especially well in the countryside.'

b. 이 밀은 아침에 제일 잘 갈린다.

这种麦子在早晨磨得最好。

'This wheat is ground best in the morning.'

最后，类型Ⅱ不像中动结构那样需要修饰状语，因为该结构表示事件，可以接受面向施事的副词。

(77) a. 이 책은 조심스럽기 그러나 잘 읽힌다.

这本书要很小心，但被很多人读。

'This book reads carefully, but well.'

b. 이 밀은 조심스럽기 그러나 서서히 갈린다.

这种麦子磨的时候要很慢、很小心。

'This wheat grinds carefully, and slowly.'

Sang Doh Park(2005)指出，韩语被动结构中有一类结构在句法上等同于英语中动结构，他称之为"被动中动"。他认为，中动结构是词汇生成的非作格结构，包括以下两种结构，如(78)：前者为中动结构，后者为非作格结构。本书前面对比已经作了区分，中动结构隐含了施事，尽管主语有施事的意义，但主要是受事的意义。

(78) a. 그 소설은 대학생들에게 잘 팔린다.

这部小说大学生买的比较多。

'The novel sells well to college students.'

b. 그림이 걸렸다.

挂着画。

'A picture was hung.'

从以上的讨论可以看出，韩语中动结构的界定要么过宽，要么过严。笔者认为，韩语有中动结构，其中动标记和被动标记一样（这一点与法语相同），被动后缀既可以表示中动，也可以表示被动。因此，当该类句子表示非事件、隐含施事时为中动结构；表示事件、可以显性施事时为被动结构。

2.6 结语

本章从跨语言的角度确定了中动结构的定义特征和典型特征，并以此为基础区别了中动结构及其相关去及物化结构，并且界定了汉语、日语、韩语中动结构。中动结构具有普遍的中动语义，本书所研究的语言中有一种或多种结构实现中动语义，在句法上形成不同的中动结构。

第3章

中动构成的多维度研究述评

中动结构形式和意义之间的特殊关系引起了语言学家的极大兴趣，任何研究句法和相关问题的语言学家，不管他们采取何种研究视角，都无法避免或忽视这样一个问题，即中动构成的机制是什么？有三个理论问题需要回答：为什么逻辑宾语成为句子主语？逻辑主语为什么隐含？中动句附加语的作用是什么？文献中，他们采取了各种研究路径探讨中动结构的本质，本章述评两种主要研究路径：一是生成语言学研究，二是认知语言学研究。

3.1 生成语言学研究

生成语法对中动结构的研究开始于20世纪80年代，研究的理论框架为管辖约束理论(Government and Binding Theory)。随着生成语法的发展，也有语言学家在最简方案的理论框架下探讨中动结构的生成。无论哪种理论，生成语法研究主要回答句法和语义之间不匹配的论元实现问题。受事论元为什么处于主语位置，而施事论元却没有句法位置呢？针对这一问题，生成语法学家提出了许多解决方案。

管辖理论下的观点对于中动结构的生成存在一个重大分歧，

并分成两派:一派认为中动结构在句法部分生成;一派认为中动结构在词库部分生成。

3.1.1 句法生成路径

句法生成路径的观点认为中动结构通过 NP 移位把深层结构的宾语移到表层结构的主语位置,这样一来,中动结构就和被动结构有着同样的派生过程,动词的论元结构完整地投射到句法结构中。NP 移位的动因来自于题元角色赋予一致性假设(UTAH),特定的题元角色投射到特定的结构位置,句法结构由题元角色决定。从最早创立到最简方案,生成语法一直坚持句法、语义一致性的原则,认为动词的题元与其句法位置之间是严格的一一对应关系,通过题元角色把语义论元向句法位置投射,坚持界面一致性(Interface Uniformity)原则。

中动结构的句法派生观点包括两点:一是认为中动词为及物动词,它像被动动词那样失去赋格能力,其内论元为了得到格移到主语位置;二是认为中动结构因外论元降格或受到压制而具有泛指性,句法上存在,实现为零范畴。句法生成说最早由 Keyser 和 Roeper (1984)提出,后来由 Stroik (1992, 1995, 1999, 2006), Hoekstra 和 Roberts (1993), Arthier 和 Reed (1996)等进一步发展,为了证明句法生成说的以上两点,不同的语言学家采取了不同的方法。

3.1.1.1 Keyser 和 Roeper (1984,1992)

Keyser 和 Roeper (1984,1992)提出抽象附着语素假设(Abstract Clitic Hypothesis /ACH),认为英语的所有动词都带有一个无形的附着语素位置。根据该假设,英语中动词有一个隐性附着语素,即“空位附着语素”,对应于拉丁语系语言中的显性中动反身附着语素,如意大利中动附着语 si、法语中动附着语 se、德语中动附着语素 sich。该语素吸纳了逻辑主语的施事角色和逻辑宾语的宾格,使得动词失去了赋予宾格的能力,外论元的题元角色得到压制,在句法上表现为惰性,逻辑宾语必须提升到主语位置核查格。

英语中动词空位附着语素就像被动语素-en一样，中动构成为被动化过程。

3.1.1.2 Stroik (1992, 1995, 1999, 2006)

Stroik (1992, 1995, 1999, 2006)也坚持中动结构是移位生成的，内论元升格和外论元降格的原因是中动词状态化，INFL和动词不能同标，INFL不能把外论元投射到主语位置，V也不能赋予内论元宾格，所以被迫移到主语位置获得格。但不同于Keyser和Roeper (1984)的观点，他认为施事论元角色没有被吸纳和压制，而是被赋予了PRO的句法地位，中动词所有论元都在句法上投射。PRO论元在结构上实现为动词的附加语，(1)b为(1)a的浅层结构(S-structure)。

(1) a. Bureaucrats bribe easily.

b. [Bureaucrats$_i$[$_{I'}$[$_{VP}$[$_{VP}$[$_{V'}$ bribe t$_i$ easily]] PRO]]]

Stroik提出两条表明隐含施事句法实现的证据。一是包含在主语内的反身代词必须受先行语PRO的约束，如(2)。根据Larson (1998)的论元降格原则，如果A的题元角色是由X^K赋予的，那么A可以被指派为X^K的附加语，Stroik就假定先行语PRO是VP的附加语。

(2) a. Books about oneself never read poorly.

b. Letters to oneself compose quickly.

二是中动外论元句法实现表现为介词for短语的出现，如(3)。介词短语的宾语为中动词的施事，是PRO论元的显性对应。

(3) a. Bureaucrats bribe easily for Mary.

b. That book reads quickly for Mary.

3.1.1.3 Hoekstra和Roberts (1993)

Hoekstra和Roberts (1993)也认为NP移位也是为了取得格，只有受影响论元需要接受结构格，而非受影响论元接受内在格，也就是说，只有非影响动词才能把宾格赋予它的宾语。因为中动词是影响动词，不能给宾语赋格，宾语不得不移到主语位置获得结构格。为了证明中动构成的“影响制约”条件，Hoekstra 和 Roberts (1993)还以结果中动为例，表明只有主语受到影响，中动结构才合法，如(4)a。同时，Hoekstra 和 Roberts 认为位移的成分不是主动词的论元，而是小句(small clause)的主语，如(4)b。这与 Carrier 和 Randall (1992)的观点不同，Carrier 和 Randall 认为结果中动的语法主语在 D-结构中是宾语。

(4) a. The metal hammers flat easily.

b. $[_{VP}$ V $[_{SC}$ NP XPres$]]$

Hoekstra 和 Roberts (1993)同 Stroik (1992, 1995, 1999, 2006)观点一致，认为施事论元在句法上也有投射，不同点在于前者认为隐含施事在句法上实现为 pro，而后者认为隐含施事在句法上实现为 PRO。(5)a 的浅层结构为(5)b：

(5) a. Bureaucrats bribes easily.

b. $[_{IP}$ Bureaucrats$_i$ $[_{I'}$ $[_{VP}$ pro $[_{V'}$ bribe t_i easily$]]]]$

Hoekstra 和 Roberts (1993)也如 Stroik 那样采用介词 for 短语来证明 pro 的存在，pro 处于 VP 内主语位置，由功能核心 T 允准，附加修饰语如 easily 给 pro 体验者题元角色，这也解释了为什么中动结构需要附加修饰语。

3.1.2 词库生成路径

词库生成分析也称“前句法操作(pre-syntactic)分析”，不同于句法研究路径的中动谓词的及物动词说，词库生成路径的观点认为中动谓词为不及物动词，其施事论元只在语义上实现。词库生成路径的观点认为题元角色赋予一致性假设(UTAH)太过严格，句法和语义之间不是一对一的关系，因此就提出动词的论元有一些前句法操作，动词的外论元在词库里就受到压制，并不与句法上的成分连接，在句法上没有格允准。根据前句法操作，中动结构受事主语被认为是基础生成的，受事论元投射为外论元，而主动句和被动句中受事论元投射为内论元。词库生成说有很多拥护者，如 Fagan (1988, 1992), Achema 和 Schoorlemmer (1994, 1995), Zribi-Hertz (1993), Chung (1995a, 1995b, 1996)等,不同的研究人员采用不同的词库操作规则。

3.1.2.1 Fagan (1988, 1992)

Fagan (1988, 1992)反对中动构成的 NP 移位,因为被动与中动不同,被动结构允许介词悬垂,而中动结构不允许,这就说明被动结构和中动结构生成方式不同,如(6):

(6) a. *John laughs at easily.

b. John is laughed at.

(Fagan 2009: 140)

Fagan (1988)的词库中动构成规则包括两条次规则:外论元化直接题元角色;赋予外部论元题元角色以任指特征。前者的功能外化受事论元,既能解释内论元占据主语位置,也能解释中动结构介词悬垂的不可接受性,因为介词的论元是间接论元;后者的功能是压制施事,解释施事论元为什么不投射到句法层——因为施事论元解读为泛指,泛指的论元在词库中为饱和论元,饱和论元不投射,而泛指性是中动构成的关键。

3.1.2.2 Achema 和 Schoorlemmer (1994, 1995)

Achema 和 Schoorlemmer (1994, 1995)令人信服地驳斥了 Stroik (1992, 1995, 1999, 2006) NP 移位中动构成的证据,如反身代词约束和 for 介词短语,认为这些证据不足以证明 NP 移位。他们提供了否定 NP 移位的直接证据,即荷兰语中动模式与非作格结构等同,而不是与非宾格结构等同。荷兰语中动结构表现得像非作格,因为中动词选择了非作格同源词 hebben (have)而不是非宾格同源词 zijin (be)。前句法操作压制了施事,受事在基础生成,中动结构的浅层结构如下:

(7) a. Walls paint easily.

b. $[_{IP}$ Walls$_i$ $[_{I'}$ $[_{VP}$ t_i $[_{V'}$ paint easily$]]]]$

Achema 和 Schoorlemmer (1994, 1995)基于 Jackendoff (1990)的词汇概念结构(Lexical Conceptual Structure)以及 Grimshaw (1990)的论元结构提出论元投射的新模式,认为论元从词汇概念结构投射到 D-结构。词汇概念结构分为两层(tier):题元层和行为层。题元层主要表达事件运动和处所方面的语义信息,行为层表达行为者论元-受事论元之间的影响关系。两个层上的论元按层级安排,行为层上的论元比题元层上的论元更加凸显。Achema 和 Schoorlemmer (1994, 1995)采纳的 Jackendoff (1990)题元层级为:动作者—受事—施事—客体—目标。

从词汇概念语义层到 D-结构投射是可选择的,但也不是完全自由,如果题元层级上的最高题元角色(逻辑主语)为任指时,就不能投射到句法层,题元层级上紧接着的题元角色就自动成为外论元。根据 Achema 和 Schoorlemmer (1994)的中动构成规则,中动词动作者论元任指,不能投射到句法层,受事论元就上升到主语最凸显位置。

中动构成规则不仅能够解释动作者论元只能在语义上隐含、在句法上惰性,而且也隐含了只有含有动作者论元的动词才可以进入中动结构的意思。这就可以解释影响制约条件的例外情况,尽管主语没有受影响,不是受事,但是动词有动作者论元,也可以构成中动结构,如(8):

(8) a. Greek translates easily.

b. Massages transmit rapidly by satellite.

c. This book reads poorly.

3.1.2.3 Chung (1995a, 1995b, 1996)

Chung (1995a, 1995b)提出中动构成发生在词汇概念结构层,认为中动结构具有致使性,中动构成必须满足致使条件,中动语法主语为致使(Cause),动词短语表达的事件是被致使(Causee)。Chung (1996)又提出了扩展的致使研究路径,中动构成要满足的致使条件包括:1)动词的一个论元与动词短语表示的事件之间是致使关系;2)动作者被指派为任指。中动构成的过程如下:

a. 把任指指示指派给动作者。

b. [x . . . y . . .] => [y cause [event . . . y. . .], by x]
　动作者　　　　　　　　　　　　　　　　　　　　　动作者[任指]

中动结构中致使是非意愿性的，致使原因也是致使事件的参与者，说话者认为如果没有致使原因，就不会发生致使事件。中动结构致使关系具体表现如(9)：

(9) a. The window breaks easily.

b. 致使：the window

c. 被致使：the window breaking easily

3.1.3 后句法研究路径

在管辖和约束理论框架下还有一种研究路径，即后句法(post-syntactic)研究，也称"语义研究"。该研究明确否定句法和前句法中动构成机制，认为中动构成的落脚点是语义释义。句法研究和词库生成研究路径都包括施事论元，不同之处在于施事出现在不同的派生阶段，前者出现在句法层，后者出现在词库。后句法研究中无论是在句法层或词库都不涉及题元栅的操作，在句法层和词库都不存在隐含施事，不涉及论元降格或删除。后句法研究的代表人物有 Zwart (1998)，Condoravdi (1989)，Steinbach (2002)等。

Zwart (1998)认为中动结构中没有施事的解读，所以无论是句法层还是词库都不存在施事。Condoravdi (1989)，Steinbach (2002)认为中动结构中有施事解读，但是施事从不出现在句法层，隐含施事可能是动词词汇意义的蕴含，也就是说，如果动词的词汇意义需要施事，它就出现在中动解读中，中动结构在任何层次上都没有逻辑主语。后句法研究的观点是词汇中出现的信息不一定在句法中实现，如含有工具或方式的动词。

关于词库和句子解读之间的纽带，不同的分析方法有不同的观点。句法分析认为句法是词库和句子解读之间的纽带，因此任何解读必须都要在句法中出现；前句法分析允许一些操作在词库中进行，因此一些解读可以不在句法中找到位置，词库和语义之间是直接关系；后句法分析中词库和句子解读之间的关系比较模糊，一些解读没有必要在句法中出现，但可以是动词词汇的特征。中动结构施事是我们世界知识的结果，并非特定论元或映射在结构上的呈现，如 The bread cuts easily，动词 cut 的世界知识就包含施事，该施事不是直接参与事件者，所以在任何层次上都不出现。

受事论元成为主语，是因为受事论元是句中唯一论元。Steinbach (2002)研究德语中动结构时认为，反身代词为动词的宾语，受事论元失去宾语位置，只好占据主语位置。Steinbach (2002)后句法分析的重要贡献是提出、采用中动结构存在一个泛指算子(GEN)，可以翻译为“通常”。泛指算子为二价语义算子，包括限制(restrictor)和核心范围(nuclear scope)，中动主语映射到限制，其他部分映射到核心范围，核心范围内的状语是焦点(focus)。所谓限制，可以理解为简单开放的程式，表示主语有某种价值。

3.1.4 最简方案研究路径

随着最简方案理论的发展，一些研究人员开始在最简方案理论框架下探讨中动结构的构成。最简方案已经设定没有 D-结构层，也没有 S-结构，所以在 D-结构操作的投射原则和题元标准都变得多余。中动构成的最简方案研究不同于以往生成语法研究，GB 框架下 D-结构层的逻辑宾语要移到主语位置获得格标记，最简方案如何解释隐含逻辑主语和主语位置上的逻辑宾语呢？最简方案研究路径的拥护者也很多，如 Hale 和 Keyser (1987, 2002)，赵运明(2002)，司慧文和余光武(2005)，何晓炜和钟蓝梅(2012)等研究人员采取不同的技术手段来解释中动结构句法语义的不匹配现象，主要包括 VP 壳、轻动词理论和语段理论。

3.1.4.1 Hale 和 Keyser (1987, 2002)

Hale 和 Keyser 是中动词库生成的拥护者，但是 Hale 和 Keyser 的词库生成研究路径不同于其他同路径研究，他们的句法框架不是支约理论，而是最简方案。他们提出基于词汇概念结构的中动构成条件：当且仅当二价及物动词的宾语由词汇概念结构的中心参与者指派题元角色(Hale & Keyser 1987：7)。中动词的概念结构如(10)所示，中心参与者是中心事件的参与者，中心事件包括在内部括号里，y为中心事件的参与者，只有具有这样概念结构的动词才可以进入中动结构，或者说只有包含受影响论元的动词才可参与中动构成。(11)中的例子因为不同的动词而形成对照，break有受影响论元，而see没有。

(10) [x cause [y "undergo change"], (by...) (1987：7)

(11) a. The bottle breaks easily.

b. * Planets see easily.

Hale和Keyser (1987)认为结果中动构成中没有句法移位，语法主语由动词题元标记，如(12)所示。他们以描写谓语为例说明，如果语法主语从宾语位置移位的话，(12)中的中动结构应该是合法的，而(13)中例子的不可接受性表明描写谓语不能对宾语留下的痕迹陈述。

(12) a. This bread cuts into thin slices easily.

b. Limestone crushes to pieces easily.

c. This corn won't grind fine.

(Hale & Keyser 1987：11)

(13) a. ?? This bread cuts hot easily.

b. ?? Maple splits frozen easily.

(Hale & Keyser 1987：13)

中动结构语法主语和逻辑主语在句法上是如何实现的呢？Hale和Keyser (1993)把语义分为两部分：一部分仍然位于语义部分，另一部分与事件结构相关，其从语义部分分离并在句法部分处理，也就是与句法相关的语义。因此，句法也分为两部分：词库句法和句子句法。谓词的事件结构(论元结构)只能在词库句法分析。论元的题元角色就由它出现的结构来决定，一些论元在VP外层，即句法部分，一些论元在VP核心层，即论元结构部分。如VP壳外层致使轻动词的指示语位置为施事角色，客体在轻动词内层指示语位置。

Hale 和 Keyser (2002)认为论元结构决定谓语是否可以构成中动结构。中动结构与作格结构一致，缺少外论元，中动结构成立的前提条件是谓语的内论元是否有可能外化为中动句法主语。根据 Hale 和 Keyser (2002)，中动结构取消了动词的赋格能力，标志语(内论元)被迫上升到句首句法主语位置以获得主格。

3.1.4.2 赵运明(2002)、司惠文和余光武(2005)、何晓炜和钟蓝梅(2012)

赵运明(2002)采用 Hale 和 Keyser (1993)的论元结构理论，认为直接宾语的题元角色由及物动词指派，外论元或逻辑语法主语题元角色由轻动词指派。中动结构的派生包括两个移位：一个是中动动词提升并嫁接到轻动词上，因为轻动词不能独立存在；二是内论元提升到句子主语位置核查题元角色，因为内论元被类似被动后缀的-en 格吸收而失去格标记。内论元之所以提升到主语位置是因为要满足体态词 T 的 Φ 特征，隐含论元具有空格特征，不具备 Φ 特征，只好进一步搜索到内论元，因为及物动词失去了赋格能力，内论元的 Φ 特征是活跃的，正好与 T 的 Φ 特征相匹配，内论元提升到句子指示语位置，成为句子主语，同时也满足了扩展投射原则(Extended Projection Principle/EPP)。

司惠文和余光武(2005)也采用 VP 壳和轻动词理论，但不同于赵运明(2002)，他们提出了句法致使生成路径，其中轻动词是具有致使意义的强语素，吸引 VP 内下层动词向上移位，同时赋予上层 VP 指示语的 DP 以致使意义，并且指派致使者题元角色给这个语法主语，隐含施事为 PRO，位于 VP 指示语位置。中动结构生成过程归纳为：主语致使了谓语动词所描述内容的发生。

何晓炜和钟蓝梅(2012)采用最简方案的语段理论和增元结构假设对英汉典型和非典型中动结构提供了统一的解释：中动结构的句末修饰成分及中动语素在中动结构的句法推导中发挥关键作用，句末修饰成分参与语法主语题元角色的允准，动词首先与句末修饰语合并，再与其他成分合并。与包含中动语素轻动词的合并使动词的论元结构发生变化，即吸纳了动词的外题元角色。而不带外题元的轻动词短语 VP 不是语段，轻动词 V 不能给相关名词性短语赋结构格，使相关名词性短语处于活跃状态。处于活跃状态的名词性短语和 T 建立一致性关系，从而获得主格，T 的 EPP 特征使相关名词性短语移到句子的主语位置。

3.1.5 生成语言学研究路径评论

中动结构的生成语言学研究尝试采用不同的理论和技术手段解释中动结构受事主语和隐含施事的原因，但是中动结构的生成语言学研究路径在理论和经验上都存在一些问题。

第一，句法分析把中动构成机制处理为 NP 移位，但是 NP 移位假设并不能站住脚，无法解决一些问题。句法分析坚持中动构成是被动化过程，但是有证据表明移位生成并不具备说服力。中动结构不同于被动结构，Chung (1996)指出，中动结构不允许介词悬垂，而被动结构是可以的，如(14)：

(14) a. *The sink washes in easily.

b. The sink was washed in many times.

中动结构有别于被动结构还表现在被动结构都有对应的主动结构，而并不是所有中动结构都有对应的主动结构，如(15)。何文忠(2007)指出，一些中动结构没有主动来源结构，所以 NP 移位生成假设是站不住脚的。

(15) a. The pizza eats like shoelace.

b. *Everyone eats the pizza like shoelace.

NP 移位也很难处理非典型中动结构——附加语中动结构，NP 移位的原因是得到格，而这类非直接论元已经有了工具格等格，为什么要移到句首呢？另外，NP 从介词短语中移出也违背了孤岛条件限制，(16)a 的深层结构为(16)b。有些附加语中动结构的动词为不及物动词，把这些中动结构处理成 NP 移位也不合理，如(17)：

(16) a. The knife cuts well.

b. [$_{IP}$[$_{NP}$ e][$_{VP}$ cuts something [$_{PP}$ with [$_{NP}$ the knife]] well]]

(17) a. The music dances better than the other one.

b. The top loch fishes well.

第二，NP移位机制的动因比较牵强，其认为逻辑宾语移到句首是为了进行格核查，但是动词可以赋予逻辑宾语宾格，为什么还要移位呢？移位支持者提出一些动词失去赋格能力的机制，如Keyser和Roeper的抽象附着语素假设、Roberts的动词的状态化假设等，但这些假设只是一些临时规定。笔者认为英语中动不存在零中动语素，中动词状态化不是中动构成的原因，而是中动构成的结果。

第三，为了坚持句法和语义之间的一一对应关系，句法研究赋予隐含施事句法地位PRO或pro，但这些句法地位假设也是临时规定，因为PRO和pro假设本身有问题。Stroik提出两条证据证明隐含施事在句法实现为PRO：一是照应语的约束，反身代词受PRO的约束，二是forNP的存在，PRO对应于NP。然而，Achema和Schoorlemmer (1995)认为Stroik中动例子的照应语不需要句法先行词，约束理论只应用于同一谓词的论元，而反身代词不是主谓语的论元，如(18)。Achema和Schoorlemmer (1995)还指出一些中动结构不允许for短语的出现，如(19)：

(18) a. Arguments with oneself generally end abruptly.

b. Books about oneself never read poorly.

(19) a. These books don't sell (* for the average shopkeeper).

b. This dress buttons (* for Mary).

Hoekstra和Roberts (1993)的pro由状语题元允准，然而有一些中动结构没有状语，该如何赋予pro题元角色呢？如(20)：

(20) a. Bureaucrats BRIBE.

b. The floor might wax.

第四,词库分析法考虑了语义因素,解释力更强,弥补了句法分析只注重句法的缺陷,然而词库分析也存在问题。因为施事论元的任指性在词库中处于饱和状态,所以施事论元不能投射到句法位置,但是并不是所有中动结构的施事都是任指的,有些中动结构的施事可以以特指的形式出现,如(21):

(21) a. Bureaucrats bribe easily for Mary.

b. Latin texts do not translate easily for Bill.

第五,词库分析提出的影响限制条件有很多例外情况,并不是所有中动动词都具有影响关系,如(22)a 中,dance 就是一个不及物动词,没有动作者论元,这样的句子也可以接受。确定哪个题元角色可以优先投射到主语位置也有困难,工具在题元层级中高于客体,但是(22)b 中客体作主语,文献中关于题元排序存在很多分歧。

(22)a. The music dances well.

b. The frozen meat cuts easily with my Zwilling knife.

第六,Chung (1995, 1996)的中动致使事件研究已经不是从论元角色而是从事件结构的角度探讨中动结构的生成了,它解决了受事论元前置问题。但是,Chung 的事件结构研究不彻底,他把任指性指派给隐含施事,隐含施事被压制。他认为任指性是施事句法不能实现的原因,实质上仍然采取题元层级,受事论元作为致使者比施事更凸显,一个句法位置不能同时有两个题元角色,这与 Achema 和 Schoorlemmer (1994, 1995)的词库分析法相似。致使事件分析法比较好地解释了影响限制条件的例外情况,但对动词的选择限制和附加状语的限制都没有研究。

第七,后句法分析是词库分析的发展,为了避免解释隐含论元的句法实现问题,该分析否定有施事释义,或者认为有施事释义,但其只是动词词汇意义的隐含,不会在句法上实现。中动结构中没有施事释义显然不符合我们的语感,动词隐含的施事论元和工具论元的句法地位应该不同,工具论元是间接论元,可以在句法上不实现，而作为直接论元的施事没有实现就会是一个比较特殊的语言现象。因此，后句法分析对受事论元前置和施事论元隐含都没有给出好的解释。

第八，最简方案框架下的分析否定了 NP 移位，而是通过轻动词、VP 壳等句法处理使得中动结构在句法上非常复杂，受事论元和施事论元都占有句法位置，中动词失去赋格能力，施事论元上升至核查格。最简方案增加了语法理论的复杂性，但是存在缺少经验基础、过分强调结构一致性等问题，中动结构的最简方案处理具有很大程度的规定性。

总之，生成语法理论的中动结构生成机制研究注重句法、语义之间的连接问题，坚持句法和语义之间的普遍联系假设，对于表面上不对应的关系，通过技术操作解释不对应的原因。技术操作追求解释的统一性和完美性，但是这样就使得语法复杂化，缺少经验基础。生成语法研究只注重了直接论元的句法实现，未能解释不及物动词进入中动结构和附加论元作主语的情况，也不能体现中动结构复杂的语义特点，其提到状语，也是为了解释直接论元的句法实现，对状语的语义在整个句子意义中发挥的重要作用没有研究。

中动结构的生成语法研究的主要观点及缺陷总结如表 3-1 所示。

表 3-1　中动结构生成语法研究总结

<table>
<tr><th>特征
路径</th><th>受事主语</th><th>隐含施事</th><th>基本假设</th><th>存在的问题</th></tr>
<tr><td rowspan="3">句法研究</td><td rowspan="3">NP 移位，主格</td><td>抽象附着语素,施事被压制（Keyser & Roeper）</td><td rowspan="3">格驱动的 NP 移位；任何解读必须都要在句法中出现</td><td rowspan="3">NP 移位的格核查动因牵强；隐含施事的句法地位具有规定性</td></tr>
<tr><td>PRO（Stroik）</td></tr>
<tr><td>pro（Hoekstra & Roberts）</td></tr>
<tr><td>前句法研究</td><td>基础生成，主格</td><td>词库中饱和，不投射到句法上</td><td>任指性使得施事在词库中饱和，外化受事论元；一些解读可以不在句法中找到位置</td><td>施事任指性假设过于宽泛；题元层级存在争议</td></tr>
<tr><td>后句法研究</td><td>基础生成，主格</td><td>存在于词汇中或由于任指而在词库中饱和，在句法上没有位置</td><td>一些解读没有必要在句法中出现，但可以是动词词汇的特征</td><td>施事释义缺失，不符合语感</td></tr>
<tr><td>最简方案研究</td><td>动词内提升，主格</td><td>处于 VP 的标志语位置</td><td>轻动词、VP 壳等假设，中动词失去赋格能力，施事论元提升核查格</td><td>增加了语法理论的复杂性，缺少经验基础，过分强调结构一致性等</td></tr>
</table>

3.2 认知语言学研究

因为中动结构的生成语法研究路径存在理论和操作问题，中动结构的认知研究成为中动结构生成研究的替代。Hundt (2007: 44-45)提出中动结构的生成语法研究存在三个问题，认为这些问题不容易与生成语法的理论基石达成一致，认知语言学处理这些问题更加合适：

a. 中动结构高度依赖语境的事实对语法中句法自主的规定提出了挑战——经常是语用限制而非句法限制决定中动结构的可接受性。

b. 在生成语法研究路径中，中动构式被归为特定的模式意义(如情态意义)，虽然这个发现有助于解释中动结构的模型意义可以扩展到非典型情况(如不及物动词)，但同时这个发现也对句法独立性构成威胁。

c. 生成语法界定中动结构的标准以及区分中动结构和作格结构的标准不能产生明确的结论。中动结构是一个具有边界模糊的典型性结构范畴，中动结构与相似结构重叠。

3.2.1 典型事件模型分析

Langacker (1991)认为分句为概念事件，其组织安排在很大程度上是由三个模型相互作用决定的。

第一个模型为行为链模型(或弹珠模型)。空间、时间、物质和能量构成我们的世界，其中离散的对象在空间内移动，相互作用，参与能量相互作用，能量传递形成行为链。如图 3-1 所示，能量来源从“链首”通过力的接触把能量传递到“链尾”，到“链尾”时能量用尽，不再进一步传递。

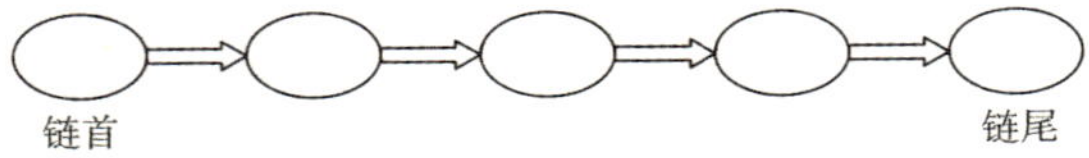

图 3-1　行为链模型（Langacker 1991：283）

第二个模型为与感知体验相关的舞台模型，感知者的角色在许多方面与观看戏剧的观众角色类似：他并不是感知周围所有事物，而是把看到的事物组织为包罗万象的场景，场景中的参与人相互作用，并且按照时间轴进一步组织，形成离散的事件。

第三个模型是关于原型角色的，包括施事、受事、工具、体验者等。这些角色不仅仅是语言概念，而且根植于我们与世界相互作用的体验中。

Langacker（1991）把以上三个模型结合在一起，形成典型事件模型，其中舞台模型贡献了场景和观众，行为链的头部作为能量的来源为施事，尾部作为能力传递的末端为受事，受事经历了状态变化，典型事件模型代表一个典型行为的标准观察。典型事件模型如图 3-2 所示。

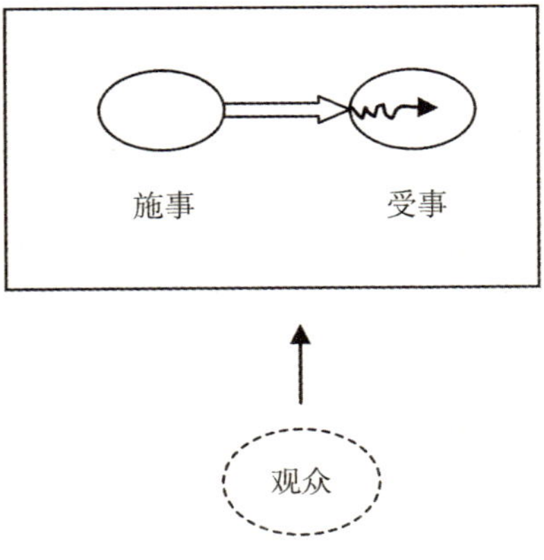

图 3-2　典型事件模型（Langacker 1991：285）

典型限定分句对应典型事件模型,典型限定分句只是理想化的结构安排,语言拥有大量的词汇-语法配置,允许采用不同的方法对特定情景进行描写。根据 Langacker (1991)的观点,中动结构对应的中动事件中凸显了场景中客体参与角色,为侧面(profile),施事未明确说明,但并入了基底(base),是述谓的一部分。客体凸显就成为中动结构的主语,根据主语在句子中的意义,Langacker 把中动结构分为两类:一类主语阻碍了动词表达的过程,一类主语促进了动词表达的过程。两类中动结构的图表分别如图 3-3 中的 a、b。

a. The window opened only with great difficulty.

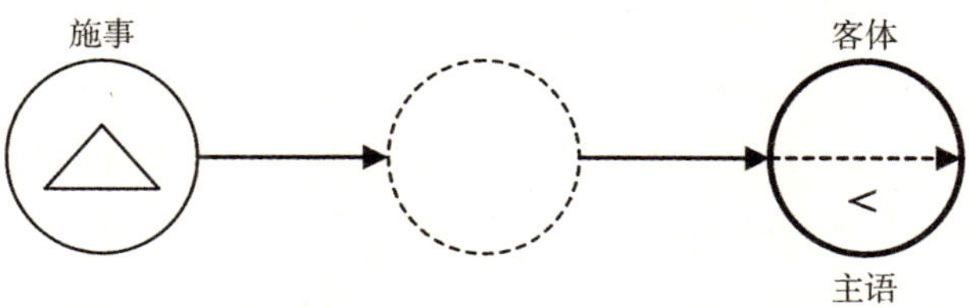

b. The ice cream scoops out quite easily.

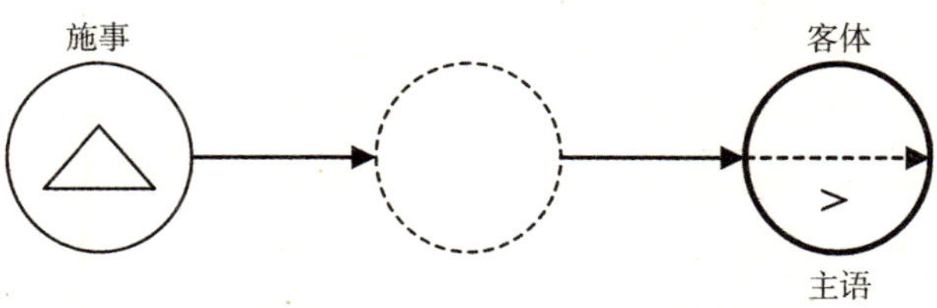

图 3-3 Langacker 的两种中动结构 (1991: 334)

图 3-3 中施事把力传递给客体,但是施事被隐含,用细线条的圆来表示,其中的三角表示施事不明确;客体被凸显,用粗线条圆来表示,其中的“＜”和“＞”分别表示阻碍和促进,客体实现为主语,状态发生了变化;中间虚线的圆表示不在述谓之中。Langacker 认为动作执行起来的难易程度归结为主语的内在特征,因此,

主语为凸显事件负责。

3.2.2 原型理论分析

Hundt (2007)指出，很多中动结构的认知研究都采用了原型或语言完形概念，中动结构不能被认为是由一组必要和充分条件来界定的，中动结构具有原型特征，与其他一些结构之间的界限具有模糊性。原型理论能够解释中动结构有典型结构、非典型结构和边缘结构，能够解释中动结构与作格结构、非作格结构、get 被动结构、反身结构之间的重叠现象。

Lakoff (1977)通过比较施事主语结构的语言学完形来描写受事主语结构(即中动结构)，他认为反身受事结构处于施事主语结构和受事主语结构的中间位置，具有施事主语结构的受事宾语特征，也具有受事主语结构的受事主语特征。

Yoshimura (1998)认为中动结构、非宾格结构、非作格结构都属于不及物结构，具有继承关系，不及物结构是原型，中动及相关结构为非原型结构。也可以说中动结构有两个兄弟姐妹，即非宾格结构和作格结构，有一个父(母)，即不及物动词。中动结构处于非宾格和非作格结构之间。

Hundt(2007)还指出，不仅中动结构具有原型性，用来描写原型中动结构的一些概念也有原型性，如及物性、语义角色、语态等。

Lemmens (1998: 60)认为谈论作格动词或及物动词是不正确的，有争议的是动词的及物或作格用法。中动词及物性的原型理论处理可以解释中动词在句法上具有不及物性，在语义上具有及物性。

根据 Givón (1993)对典型及物分句的主语特征的描写，主语的典型特征是施事，具有意愿性、控制性、生命度、显著原因；宾语的典型特征是受事，具有非意愿性、非控制性、不具有生命度、凸显影响。中动结构的主语既有施事特征，又有受事特征，受事主语呈现了施事的特征：责任或行为的独立性。原型理论可以解释受事为什么可以处于中动主语位置，中动主语为什么必须要受到影响。

中动结构的原型理论也可以解释中动结构的被动语态观点(如 Lemmens 1998)和主动语态观点(如 van Oosten 1984)。

3.2.3 概念语义分析

生成语法理论框架下中动结构的词库研究路径中,动词的概念词汇结构决定论元的句法实现,即论元的题元角色决定其句法实现,论元由动词指派的题元角色来允准,题元角色是连接句法和语义之间的界面。越来越多的语言学家发现概念意义不仅仅是题元角色,其具有更广阔的意义,世界概念化的方式影响句法结构选择。他们从构式、事件结构等概念语义的角度探讨概念结构对句法实现的影响。构式或事件结构研究路径认为,论元实现是由事件结构或谓语特征决定的,事件结构是句法-语义界面,更具有体验性特征。

语言学家对中动结构典型特征和中动构成限制的描写大都脱离不了事件这个概念结构,中动研究中的几个重要概念如下。

第一,中动主语的责任条件(Fagan 1992, van Oosten 1977),中动主语具有属性特征。责任条件能够解释 buy 和 sell 在中动结构接受性的区别,主语必须为事件负责任,(23)a 中"这本书"没有对书"买得好"负责的属性:

(23) a. * This book buys well.

b. This book sells well.

(Fagan 1992: 65)

第二,许多语言学家提出中动词受影响条件制约。Jaeggli (1986) 提出影响限制,认为凡是能使客体成分受到影响的动词都可以进入中动结构式。Roberts (1987)也认为只有能导致受事主语状态变化的动词才可以参与中动构成,持相同观点的还有 Levin 和 Rappaport-Hovav (1995), Hoestra 和 Roberts (1993), Pinker (1989), Hale 和 Keyser(1987)等。例如(24)中的例子形成对照,break 可以使主语 the glass 改变状态,而 touch 不能使 the wall 发生变化。

(24) a. This glass breaks easily.

b. * The wall touches easily.

(Pinker 1989: 106)

第三,关于中动词的选择限制,除了影响限制外,许多语言学家提出了体貌限制。Vendler (1967)按照事件内部的时间特征,把动词分为四类:状态、活动、达成和完成。其特征和例子分别如下:

(25) a. 状态:[一终结性,一持续性,一动态性] know, have, believe

b. 活动:[一终结性,+持续性,+动态性] run, walk, push

c. 达成:[+终结性,一持续性,+动态性] recognize, find, win

d. 完成:[+终结性,+持续性,+动态性] build, write, sell

根据 Vendler (1967)的动词体貌分类,Fagan (1992)等认为活动动词和达成动词可以参与中动构成,而状态动词和完成动词不可以。中动词的体貌限制可以解释(26)中的句子,但这一限制与 Tenny (1992, 1994)和 Olsen (1996) 提出的中动词有界性(delimitedness/telicity)有一定的冲突,活动动词无界但可以参与中动构成,而达成动词有界却不能参与其中。

(26) a. The car drives well. (活动动词)

b. The glass breaks easily. (完成动词)

c. * The answer knows easily. (状态动词)

d. * Eiffel Tower sees easily. (达成动词)

第四,Yoshimura 和 Taylor (2004)摒弃了词汇研究路径(lexicalist approach),从构式的整体特征,特别是从主语所指和谓语语义之间的联系来判断中动结构,只有主语和谓语之间语义融合,中动结构才可以被接受。中动主语实体承担责任中动事件的发生,即主语所指具有促进或使过程展开的特性。为了解释语境对中动结构可接受程度的影响,Yoshimura 和 Taylor 引进了 Pustejovsky

(1991，1995)的物性结构(qualia structure)，认为语义表达式需要在更广泛的知识结构中对实体的角色进行细化，物性角色组成中动实体的基本知识，中动构成的是否可行依赖于名词短语的百科知识和概念化，即物性结构。中动主语实体凸显的特性应与谓语相匹配，中动结构的可接受性随着语境的变化而变化。(27)a 中的中动主语凸显了"可卖性"特征，出售活动的成功展开归功于所指物的内在属性，不与售货员的技巧有关，而对应的(27)b 中动词 buy，负责任的应该是售货员而不是物品，所以 buy 不能出现在中动结构中：基于物性的知识根据不同的语境可以选择性激活。

(27) a. The book sells well.

b. * The book buys well.

合适的语境能够增加主语的责任性，使其更适于中动结构。(28)a 不可接受，因为我们很难想象舞台 stage 有什么内在属性能够参与跳舞，一般情况下只有 dancer 才对跳舞负责。但增加语境后(28)b 就可以接受，因为中动主语 stage 通过与 station platform 对比，一些临时属性在一定语境下激活，能够与谓语兼容，并且把施事背景化。

(28) a. * This stage dances well.

b. The stage doesn't dances well—The station platform dances better.

3.2.4 功能-认知研究

Heyvaert (2003)，Davidse 和 Heyvaert (2007)从功能-认知的视角提出了中动结构研究的新路径，他们认为中动结构成分及其之间的关系本质上是人际关系。Davidse 和 Heyvaert (2007)首先区分了分句组织的两个层次：表达层和人际层。表达层研究重在研究谓语选择限制或主语的参与角色，也就是生成语法研究路径(又分为作格研究路径和被动研究路径)。Davidse 和 Heyvaert 指出了表达层研究方法中存在的问题：除了过程-参与者-环境构架以外，中动结构成分之间还有其他关系，主语的责任性就不属于表达层，而是与人际层的情态有关。因此，他们认为中动结构的典型特征在于主语-时态-谓语结构中特定的人际语义，而不是主语-动词为中心的过程-参与者结构中特定的语义值。

Davidse 和 Heyvaert (2007)在 Talmy (2000)“力-动态(force-dynamics)”理论模型下提出中动结构中的“让”和“阻挡”情态，前者指停止施力阻挡动作，主语作为反作用者(antagonist)与动作的关系取决于“让”的语义关系；后者主语作为反作用者表示阻挡施力者(agonist)倾向的动作，分别如下：

(29) a. These engines remove from a boat with relative ease.

b. The key wouldn't turn.

Davidse 和 Heyvaert (2007)把系统功能语法与认知语法结合起来，具体来说就是认知语法中的“让”“阻挡”情态与功能语法的人际关系结合起来。中动情态为主语导向，主语作为反作用者能够对施力者施加促进或阻挡的力，因此中动主语不是典型的致使者，本身不能带来过程，而是促进或阻挡过程。对主语实体的促进性评估涉及说话人的主观评价，中动结构是及物结构和作格不及物结构两种结构的主观化。

3.2.5 中动结构的认知语言学研究路径评论

从以上的讨论可以看出，认知语言学研究路径包括不同的研究方法，这些研究方法有些细微差异，但都属于并基于体验研究，只是体验的程度不同。如概念语义研究就属于逻辑体验研究，介于逻辑研究和认知研究之间，笔者认为它们都包含于大的认知框架之中。

中动结构认知研究总的来说比生成语法研究更具有说服力，其构成规则具有体验基础，而不是像生成语法中的规则具有规定性。笔者赞同从认知角度探讨中动结构的生成，但也发现以往的认知研究存在一些缺陷。

第一，中动结构认知研究的概括性太强。Langacker (1991)中动结构的典型事件模型分析无法区别中动结构和作格结构，就能量传递和角色凸显而言都是一样的；此外，Langacker只是以客体作为中动结构的受事主语，即中动结构的单一参与者只是客体，把附加语作主语的中动结构排除在外；另外，有些中动结构的中动词为不及物动词，不及物动词谈不上能量传递，无法用行为链来解释。

第二，中动结构的原型理论研究显示出中动结构与其他相关结构之间的模糊关系，的确抓住了中动结构的本质，但是比起生成语法研究，原型理论研究缺少准确性。关于中动结构与其他结构之间的原型事件程式存在许多分歧：原型事件程式是及物结构还是不及物结构？是主动还是被动？中动结构到底是什么结构还不清楚。

第三，中动结构的概念语义研究弥补了生成语法缺少的体验性，同时也补充了认知语法缺少的精细性，是句法研究比较合适的研究路径，但是以往的概念语义研究也存在一些缺陷，影响条件限制就存在许多反例。如(30)所示，中动主语或者是不可能有变化，或者是中动词已经有了受影响的宾语，或者是中动词是不及物动词，或者是满足影响条件也不合格。Yoshimura和Taylor (2004)也提出影响条件不能对成对动词的不对称作出解释，如(31)中sell和buy中动构成中表现出的差异。

(30) a. She does not photograph well.

b. The wood carves beautiful toys.

c. The rods fish well.

d. * Small cities destroy easily. (Rapoport 1999: 150)

(31) a. The book sells well.

b. * The book buys well.

(Yoshimura & Taylor 2004: 298)

Yoshimura和Taylor (2004)动词语义与构式之间的语义融合也存在问题，单独的语义融合不是一个中动构成的充分条件，有些句子主语的内在属性与事件融合，但也不是合格的中动结构，如

(32):

(32) a. * The article understands easily.

b. * English learns easily.

以往的概念语义研究往往只注重了中动结构的一个方面,如中动主语名词的选择或中动词的选择,所以多数研究不全面。功能-认知研究在本质上也属于概念语义研究,但没有涉及句法限制,把各个研究方法整合起来会更有说服力。

最后,尽管生成语法的规定性受到批评,但是我们不能忽视生成语法研究的一些优点,如形式化和预测能力,这应该是语法研究的最终目的。概念语义等认知研究解释力很强,但是很难做到预测性。因此,如何使中动结构的概念语义研究形式化,并且提高解释力和预测力,是我们今后的研究所要解决的问题。

3.3 汉语中动结构研究

20世纪80年代和90年代,英语中动结构的生成语法研究比较流行,研究的理论框架是支约理论。英语中动结构研究激起其他语言的中动结构研究,包括法语、德语、荷兰语、意大利语等西日耳曼语的中动结构研究;同一时间,汉语中动结构研究也在比附英语中动结构研究的基础上进行,理论框架也是生成语法的支约理论,代表人物有宋国明(1994)和纪小凌(1995)。随着生成语法的发展,汉语中动结构的研究开始在最简方案的理论框架下进行,如赵运明(2002)、高兴刚(2000)、戴曼纯(2003)、何晓炜和钟蓝梅(2012)等人的研究。随着认知语言学的流行,更多的汉语中动结构研究开始从认知的角度进行探讨,如何文忠(2007)、杨晓军(2008)等人的研究。总的来说,汉语中动结构是在对比西日耳曼语言中动结构的基础上进行的,当西方语言学界把注意力从中动结构研究转移到其他领域的时候,中动结构成为汉语研究的热点,在世界范围内对中动结构的研究作出了很多积极的探索。

但是汉语中动结构研究存在一些问题。首先,汉语界学者更多注重的是中动结构的界定,而忽视了中动构成的机制。中动结构界定是汉语语法中最具有争议的问题之一。汉语中动结构界定中最大的问题是学者们在界定时没有一个独立的标准,特别是会完全比附英语中动结构的特征而否定汉语中动结构的存在。

其次,语言中存在共性和个性,找出汉语中动结构的个性特征并对其描写和解释的研究才可能更有意义。汉语界重视对汉语和其他语言中动结构的统一解释,忽视了汉语独有的特征,没有从语言类型学的角度探讨汉语与其他语言中动结构的差异。

最后,汉语中动结构研究有着英语生成语法研究和认知语言学研究共有的问题,汉语中动结构研究还有其独有的问题,特别是在认知语言学研究路径中,描写较多,解释不足,理论建树不足,以曹宏(2003)为例,她的描写非常充分,但缺少对中动构成限制的解释。

3.4 结语

本章对中动结构研究的两个研究路径进行了综述,指出了文献中中动结构研究存在的问题及今后研究的方向。笔者认为,结合生成语法的形式化及认知语言学的经验性是中动结构研究的方向。同时,在重视语言共性的同时,更要重视语言的个性,中动结构语言类型学研究也是今后的研究方向。

第4章

句法-语义-语用界面理论框架

形式和意义之间的关系一直是语法学家们关注的问题，该问题有助于回答儿童快速语言习得问题。儿童不需要逐条学习动词的句法结构，而是基于有规律的形式和意义关联的概括。形式和意义之间的关系非常复杂，句法和语义之间的匹配问题是研究的焦点，其错配现象是任何句法理论都无法回避的问题。句法和语义之间关系的研究称为“界面研究”，句法-语义界面研究涉及句法和语义之间的相互作用，具体来说就是句法结构对意义组合的影响和意义对句法结构的系统影响。句法-语义界面研究的目标为决定意义表达在多大程度上依赖句法特征，句法特征多大程度上为意义的功能。界面理论以语法的模块性(modularity)为理论假设，句法和语义属于不同的语法模块，根据 Jackendoff(2007)的相对信息封装(information encapsulation)理论，句法和语义之间有对话，句法-词汇语义界面是句法和语义层面之间的一个媒介，它使得句法和语义之间有了对话。句法-语义界面理论纷繁多样，本章对句法-语义界面理论进行综述，指出问题所在，在此基础上提出新的句法-语义-语用界面，解决论元实现问题，找出合格句子允准的条件。

4.1 句法-语义界面概览

句法-词汇语义界面研究已有很长的研究历史，大致可分为词汇语义-句法界面理论和构式理论。20 世纪 70 年代，Fillmore (1968, 1970)和 Carter (1976)等语言学家就开始关注词汇语义和句法之间的关系，他们发现动词语义对句法形式有决定作用。20 世纪 80 年代，语言学界已认可动词语义在很大程度上决定了句法结构的观点，认为论元的句法实现由动词的词汇特征投射而成，他们发展了连接理论(Linking Theory)或投射理论(Projectionist Theory)。20 世纪 90 年代以来，句法-词汇语义界面理论得到了更大的发展，已成为当前句法研究的新趋势。构式理论是较为新兴的界面理论，不同于投射理论，构式理论认为论元的句法实现不是由动词词汇意义决定的，相反，论元实现的相关的构式意义由构式(或句法结构)提供。概括来说，词汇语义-句法界面理论探讨词汇意义如何影响句法表达，构式理论界面探讨句法结构如何影响意义表达。

根据 Benua 和 Borer (1996)，句法-词汇语义界面研究路径大致设定了两个参数。根据第一个参数，可以分为词项驱动研究路径和基于谓词的研究路径：前者认为动词的句法由动词词项投射决定，词汇项应该包括所有投射句法所需的信息；后者认为至少部分论元的解释依赖于整个谓词而不是仅仅依赖动词。根据第二个参数，可分为基于题元的研究路径和基于事件结构的研究路径：前者认为论元由动词指派的题元角色来允准；后者认为界面上的词汇信息是动词的事件结构(event structure)，动词指派事件体貌角色或指定参与角色而不是指派题元角色。笔者认为，这两个参数有很多重叠之处，动词词汇项驱动与题元角色重叠，谓词驱动与事件结构重叠，因此，两个参数可以合并为一个参数。文献中最显著的句法-词汇语义界面表征为题元角色和事件结构，事件结构又分为词汇语义事件结构和句法事件结构，前者是在词汇语义学领域中进行的，研究谓词的词汇语义事件结构对句法的影响，即事件和句法之间的连接，后者是在句法学领域中进行的，研究事件结构的句法表达。

4.1.1 题元角色界面

题元角色(thematic role)是动词语义与句法之间联系的表征之一，被认为是最早的句法-语义界面表达式。题元角色也称为"语义角色"，指论元在动词所指事件中担任的角色。题元角色集合根据不同的理论有所不同，一般包括施事(agent)、受事(patient)、客体(theme)、经验者(experiencer)、目标(goal)、来源(source)、处所(location)、工具(instrument)、受益者(beneficiary)等。每个动词都与语义角色表(semantic role list)，或题元栅(theta-grid)、格框架(case frame)相联系，如 put 的题元栅为：＜施事，客体，处所＞。

题元角色和句法论元之间有某种对应关系，该对应关系研究即为句法-语义界面中的连接规律(linking regularities)研究，它研究题元角色如何映射到句法位置，因此也称为"映射规律(mapping regularities)研究"。句法-语义之间的连接问题的解决办法又分为多种。

4.1.1.1 题元角色赋予一致性

题元角色和句法位置之间直接对应。Fillmore(1968)的题元角色和句法位置之间是一一对应关系。生成语法从最早创立到最简方案，Chomsky 一直坚持句法、语义一致性的原则，提出题元标准(θ-criterion)，认为动词的题元与其句法位置之间是严格的一一对应关系。通过题元角色把语义论元向句法位置投射，坚持界面一致性(Interface Uniformity)原则：将句法和语义界面最大化地简洁，意义直接投射到句法结构；句法和语义界面最大化一致，相同的意义总是投射到相同的结构。词库和句法之间的普遍投射关系主要基于 Perlmutter 和 Postal (1984)的普遍联系假设(Universal Alignment Hypothesis/UAH)以及 Baker (1988)的题元角色赋予一致性假设(UTAH)。前者认为普遍语法原则可以从分句的意义预测分句中每一个名词词组的凸显语法关系(initial grammatical relation)(Perlmutter & Postal 1984: 97);后者认为同样的题元关系在深层结构中表达为同样的结构关系(Baker 1988: 46)。

根据题元角色赋予一致性假设,具有某一个题元角色的词汇项总要投射到某个结构位置。但是题元角色和句法位置之间不是一对一关系,而是多对多关系,不同的题元角色可以投射到同一个句法位置,如施事(agent)、受事(patient)、致使者(causer)都可以出现在主语位置,如(1)。同样,相同的题元角色也可以出现在不同的句法位置,如(2)中,经验者(experiencer)既可以实现为主语,也可以实现为宾语。

(1) a. Tom broke the vase.

b. The vase broke.

c. The wind broke the vase.

(2) a. Tom fears the snake.

b. The snake frightened Tom.

根据管辖和约束理论的 θ 准则,每一个论元只能被指派一个题元角色,每一个题元角色只能由一个名词短语担当,但 Jackendoff (1990)指出,一个名词短语可以有一个以上的题元角色,如 Kelly rolled down the hill, 主语论元有两个题元角色——客体和施事。buy 和 sell 这两个动词可以被指派一个以上题元角色。在交易过程中,买方和卖方同时承担施事和受事角色,buy 的买方是施事,又是商品的接受者;sell 的卖方是施事,也是货币的接受者。

更好地坚持题元角色赋予一致性假设的方案大致划分为三种。第一种,Dowty (1991: 553)提出了"角色细化"(role fragmentation),以解决多重论元实现问题。所谓角色细化,是指一个语义角色可以细化为多个语义角色,如 Jackendoff(1990)把施事细化为施事和动作者(actor),van Valin(1990)把施事细化为施事和致效者(effector)。题元角色细化能解释多重论元实现问题,但是不确定的、过多的语义角色给连接理论机制造成巨大的负担。一方面是题元数量巨大,Croft (1991: 156)指出,题元角色数量不大,其他语言学家也同意语义角色的数量是有限的,但是他们关于题元角色的确切数目没有达成共识,认定的题元角色从几个到几百个不等;另一方面有些论元很难归入某一语义角色类型,例如 Kim avoids cauliflower 中宾语就不属于任一角色类型。

第二种,鉴于角色细化存在的问题,一些语言学家放弃了传统的细化题元角色的方法,削减题元角色的数量,达到题元角色与句法位置一致的目的,提出了广义题元角色(generalized thematic role),如 Dowty (1991)的题元原型角色(proto-role),Foley 和 Van valin (1984)的宏观角色(macrorole)。概括性题元角色对数量较多的传统角色作了高度概括,形成数量较少的题元角色。原型角色理论包括原型施事和原型受事,原型施事性特征包括意愿性、感知性、使事件发生变化的特性等,原型受事性特征包括经历状态的变化、渐生题旨、因事件中另一参与者受到影响等。题元角色的原型性程度决定论元的句法实现,施事性高的题元角色具有主语论元实现的优先性,而受事性高的题元角色具有宾语论元实现的优先性。

原型角色理论能够解释句法位置和题元角色之间多对多的对应关系,论元只要具备原型施事的一些特征就可以处于主语位置,具备原型受事的一些特征就可以处于宾语位置。原型角色可以解释心理动词的论元选择问题,心理动词 fear, admire, hate, respect 的主语可以是经验者,宾语是刺激物;心理动词 frighten, amuse, embarrass, worry 的主语是刺激物,宾语是经验者。无论是经验者还是刺激物,既有原型施事的特征,也有原型受事的特征,所以两类心理动词的论元选择与原型角色理论的论元选择是相容的。

原型角色题元理论的原型角色既是其优点也是其缺点,主语论元的优点是简化了句法语义连接模式，缺点是高度概括性无助于揭示句法、语义之间的细腻关系，无法区分原型特征个数相同的题元角色，如意愿性施事(volitional agent)和无意识性致使者(ad-vertent causer)，因此缺乏足够的预测性。

第三种方法是细化句法结构。Chomsky 坚持句法和语义之间一一对应，句法结构为深层结构，句法和语义在表层结构可以不对应，但在深层结构是对应的。为了解释句法语义之间的错位，生成语法提出了移位，论元为了获取格等原因在表层移位，而在深层结构的句法位置获得题元角色，例如被动结构的受事论元从宾语位置移位到主语位置获得主格。因为语义角色往往多于句法位置，Chomsky 增加了句法复杂性，在 X-阶标理论(X-bar Theory)中，提出了限制语(specifier)和补语(complement)位置，这样就增加了论元题元角色对应的句法位置尽可能减少一对多的映射概率。

但生成语法被批判为缺乏经验基础，抛开句法复杂性理论本身的缺陷，句法复杂性尽管能够做到句法位置和论元之间的直接对应，但无法解释为什么不同的题元角色可以投射到同一个句法位置以及为什么同一题元角色可以投射到不同的句法位置，即不能解决论元实现过程中受其他论元影响的问题，无法解释动词论元题元角色共现现象。

4.1.1.2 题元层级

为了解决题元角色共现的句法-词汇语义连接规律问题，语言学家提出了句法-语义题元角色连接的优先权解决方案，即题元层级理论：论元之间的相互关系能影响论元的句法实现。Fillmore (1968)提出主语选择规律：如果有施事，施事就成为主语；如果没有施事，有工具，工具成为主语；如果没有施事，也没有工具，受事/客体成为主语，即施事＞工具＞受事。如(3)：

(3) a. John opened the door with a chisel.（施事）

b. The chisel opened the door.（工具）

c. The door opened.（受事）

主语选择规律反映了论元实现的环境依赖性，即论元的句法实现取决于它的语义角色和句子中其他论元语义角色的相对显著性。特定论元的句法实现并不总是只由题元角色决定，而是由其共同的题元角色决定（Baker 1997；Speas 1990）。题元角色的句法实现按照题元角色显著性层级安排，题元层级最高的角色在句法结构上实现为最高论元，即主语，其他题元角色依次类推。语言学家提出了多种题元层级连接规则，认为题元角色的层级关系比单个题元角色更重要，如（4）所示，题元角色根据所在的层级从左向右依次优先向主语位置投射：

（4）a. 施事＞致效者＞经验者＞处所/接受者＞客体＞受事（van Valin 1993：75）

b. 动作者＞受事/受益者＞客体＞处所/来源/目标（Jackendoff 1990：258）

c. 施事＞客体＞目标＞间接格（方式、处所、时间……）（Larson 1988：382）

d. 施事＞与格/受益格＞受事＞处所＞工具格/伴随格＞方式（Givón 1984：139）

尽管题元层级理论是有效的句法、语义连接机制，但题元层级也存在许多问题。题元层级无法解释多重论元实现问题，即同一个题元角色可以出现在不同的句法位置，有悖于题元角色排序。例如，与格转换（dative alternation）就是其中的一个典型，目标（goal）论元可以由动词赋格，也可以由介词赋格，如 John gives him a toy/John gives a toy to him。同样，装载类（load-type）动词允许目标论元或客体论元占据直接宾语位置，如 John loaded the cart with coal/John loaded coal onto the cart。

一些心理动词的经验者论元的句法实现也是对题元层级形成挑战的一个典型，经验者既可以处于主语位置，也可以处于宾语位置，如 John fears snake/Snake frightens John，前者遵循题元层级 experiencer＞theme，后者遵循倒置的题元层级 theme＞experiencer，互相矛盾的题元层级使我们对题元层级理论产生怀疑。很多语言学家对题元层级的概念提出质疑，如题元层级设计的题元角色数量和内容不同，同样一组题元角色的排列顺序也存在差异。在 van Valin (1993)的题元层级中处所位于客体之前，而 Jackendoff (1990)的题元层级中处所位于客体之后。题元层级是建立在题元角色概念基础上的，无法回避题元角色的问题。总之，题元层级理论缺乏一种公认的题元角色及题元层级的排列。

4.1.2 词汇语义事件结构界面

题元角色和题元层级存在的问题表明题元角色不是合适的句法-词汇语义界面，不足以反映句法和语义的关系。词汇事件结构理论认为，题元角色的投射观只注意了动词的论元结构，却忽视了动词本身的词汇特性以及动词与其他相关成分（如名词、介词和形容词）的词汇特性之间的相互作用，连接理论无法解释不为动词论元结构所包括的非子语类化论元，如在结果句式 He sneezed the tissue off the table 中，sneeze 为不及物动词，后面却跟了名词短语。事件结构理论是将事件和事件结构应用于句法-语义界面研究，探讨从事件到句法的映射理论。事件结构理论认为，动词子语类化所反映的论元结构并不是决定动词句法表现的唯一因素。动词是对外部世界发生事件特点的词汇化和概念化，决定论元实现的语义因素不应该是语义角色而是动词的语义成分，最终决定句子句法表现的应该是事件结构，事件结构是更为合适的句法-语义界面。

事件概念化的不同方式决定论元实现的方式，词汇语义事件结构纷繁多样，主要有体模式（Vendler 1967；Tenny 1994；Grimshaw 1990）、处所模式（Jackendoff 1972，1983，1990）、空间模式（Voorst 1988）、使因模式（Croft 1991）、词汇分解模式（Rappaport & Levin 1998；Pustejovsky 1991）等。

4.1.2.1 事件结构的体模式

对大多数语言学家来说，事件结构就是事件的体特征，即事件内部的时间特征，如终结性(telic)、持续性和动态性。在这个意义上，体就为词汇体(lexical aspect/aktionsart)，也就是 Smith(1991)的情景体(situation aspect)，有别于完成、进行等的视点体(viewpoint aspect)或语法体，如进行体和(非)完成体。对一些语言学家来说，体还有更丰富的内容，体特征还包括事件参与者的内部特征、参与者的事件角色和参与者之间的关系。

现代语言学对事件的研究始于 Vendler (1967)，他从时间结构特性的角度把动词分为四类，即状态、活动、达成和完成，这四种动词类型被称为四种事件结构，其特征分别如下：

a. 状态：[－终结性，－持续性，－动态性]

b. 活动：[－终结性，＋持续性，＋动态性]

c. 达成：[＋终结性，－持续性，＋动态性]

d. 完成：[＋终结性，＋持续性，＋动态性]

终结性和非终结性的区分是词汇体研究的核心问题，该体特征与论元实现有密切关系，终结性不能只依赖动词。更多的研究表明终结性是由整个谓语中的成分来决定的，宾语、谓语中其他成分如状语等都可能影响到终结性，如(5)：

(5) a. Bill wrote letters. (非终结)

b. Bill wrote the letter. (终结)

c. John ran. (非终结)

d. John ran to the store. (终结)

e. Taylor ate at the apricot. (非终结)

f. Taylor ate the apricot. (终结)

关于体特征和论元实现的关系研究中，Tenny (1994)的研究最为系统，她认为体是最佳句法-语义接口，语义向句法投射过程中体特征是唯一起作用的因素。Tenny 提出了体界面假设(Aspectual Interface Hypothesis)来表明语法中的体限制：

> 题元结构与句法论元结构之间的投射受体特征制约。与外部论元、内部直接论元和内部间接论元关联的体特征制约着

能够占据这些位置的事件参与者的种类。只有题元结构中的体特征才是普遍连接原则的可见部分。

(Tenny 1994：2)

Tenny（1994：113-117)把一个内部论元参与体结构的三种方式定义为量度(measurer)、终点(terminus)和路径(path)三种体角色,它们都与“界定”(delimitedness)这一概念相关。只有量度事件的论元才可作直接宾语,所谓量度指的是论元对事件时间终点的标记,如在John wrote the composition中,the composition经历了一个不断变化的过程,当它写了一半时,事件进行了一半,当它写完时,整个事件就终结了。间接宾语也可以通过为事件提供终点的方式参与事件界定,直接论元既是量度又是终点,间接宾语只能是终点,如在climb the ladder to the top中,目标短语to the top表示终点。路径为事件提供时间上的轨道,路径经常作为宾语以显性形式表达出来,也可以是隐含的。与量度不同,路径没有内在终点,它和终点共同起量度的作用。如(6)：

(6) a. Carmen walked the path to school.（显性）

b. Carmen walked to school.（隐性）

c. John drove the car the distance to NY.（显性）

b. John drove the car to NY.（隐性）

参与者之间的关系也是影响论元实现的重要方面。连接理论学家认为论元结构不仅包含题元信息,也与事件结构紧密相连。Grimshaw(1990)指出句法和语义之间的连接不能只靠题元角色,她提出论元句法实现的两个维度:题元维度和体维度,即论元实现不仅要遵循题元层级,还要遵循致使层级,致使层级上的致使体角色在规范语义向句法位置投射时享有优先权,它总会投射为句法主语。致使体关系能够很好地解释心理动词frighten和fear论元实现的差异:二者具有相同的题元角色经验者和客体,但是frighten的主语是客体而fear的主语是经验者,也就是说它们具有不同的题元栅,前者为＜客体,经验者＞,后者为＜经验者,客体＞。这种差异的原因在于二者在致使层的差异，frighten 的客体在致使层为致使者，而 fear 的客体不能作致使者。

体界面解决了许多题元界面难以解决的问题，除了上述心理动词的不同表现以外，还有其他题元层级难以解决的问题，事件角色在论元句法实现中起着更重要的作用，例如它可以解释工具和处所题元的句法实现位置的多样性。工具和处所一般位于间接宾语位置，例如：I open the door with the key/The farmer loads the hay to the car，如果工具理解为事件角色起因（originator），它就可以处于主语位置，如 The key opened the door。如果把处所理解为事件角色界定者（delimiter），它就可处于直接宾语位置，如 The farmer loaded the truck with hay。

但是体界面也存在一些问题。首先，事件内部本质特征未必是时间顺序的，Levin (2000)就指出体可能不是与论元实现相关的事件本体类型，van Voorst (1988)则从空间角度对事件结构进行分析。其次，Tenny (1994)认为量度是论元实现为直接宾语的决定因素，但是直接论元未必都能量度事件，一些和直接宾语选择有关的句子结构发生了转换，如予格转换。在 John gave a book to Mary/John gave Mary a book 中，间接宾语量度整个事件，因此，论元实现不一定由体特征驱动。Jackendoff(1996)就怀疑体的作用，他认为受影响度（affectedness）是论元实现的决定因素。再次，有界和无界的确定是组合性的，往往需要从整个句子层面来确定，因此，依据有界性确定宾语的做法并不可靠。

4.1.2.2 事件结构的空间模式

van Voorst (1988) 从空间角度提出了事件结构的空间模式，建立了事件的参与者在空间意义上的一种连接关系。他认为事件是以标志起始的客体和标志终点的客体来定义的，这两个客体分别实现为主语和直接宾语，因此事件结构由三部分组成：起始（即发起事件或影响事件的参与者）、终结（即决定事件何时结束的参与者）、事件本身。如(7)所示，事件结构表达为空间意义上的一条线，两端为两个参与者，即起始和终结，在语法上分别实现为主语和直接宾语，参与者与句法位置对应起来，事件为从主语客体到直接宾语客体的移动。

(7) 起始　　　　　　事件　　　　　　终结

　　0……………………………0

　　主语　　　　　　　　　　　直接宾语

事件结构可以实现为三种形式，如(8)所示，(8)a 分别实现为表活动事件的不及物结构(9)a 和非达成事件的及物结构(9)b，(8)b 实现为表达成事件的及物结构(9)c，(8)c 实现为表达成事件的不及物结构(9)d。

(8) a. 起始　　　　　　事件

　　0……………………………

b. 起始　　　　　　事件　　　　　　终结

　　0……………………………0

c. 　　　　　　　　事件　　　　　　终结

　　……………………………0

(9) a. He was working.

b. He was drinking beer.

c. He tore the newspaper.

d. The vase fell.

事件结构的空间模式理论对于动态事件有一定的解释力，但是对于状态和非事件无能为力，因为状态谈不上空间概念。另外，该模式缺乏一个形式化的操作机制，应用性不强，无法很好地普及。

4.1.2.3 事件结构的使因模式

Croft (1991)提出与 Langacker (1991)行为链相似的致使链路径，用以研究事件概念化过程，认为致使链参与者的排列应该是论元连接的最终指导。Croft (1991：173)提出的致使链路径基于以下主要假设：

a. 简单事件是使因链网络中的一个环节；

b. 简单事件是单一方向发展的使因链；

c. 简单事件涉及力量的传输；

d. 力量的传输是不对称的，不同的参与者分别担任启动者(initiator)和终点(endpoint)。

根据Croft(1991)的观点，典型致使链事件具有意志性，不通过中介物引起，是发生变化的致使事件。Croft(1994：37)提出了简单事件的理想化认知模型，典型及物事件即典型事件，作用在客体之上并致使其发生变化，表现为力的传递，如图4-1所示，其他类型的事件必须压制成该模型。

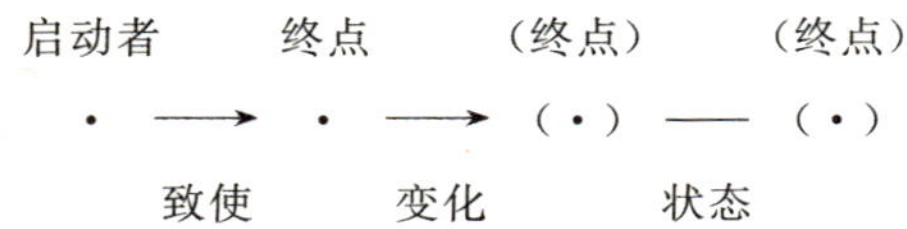

图4-1　简单事件结构的理想化认知模型

根据Croft模型标记法，小点表示参与者，带括号的小点表示前面出现过的参与者，箭头表示力量传递，没有箭头的线表示的是非致使状态。以Harry broke the window为例，该句为典型致使事件，由三部分组成：第一部分Harry为启动者，作用于window之上；第二部分window发生了变化；第三部分window为终点，处于结果状态。三部分不同的凸显，就会产生不同的事件。当三部分都凸显时，事件是典型致使事件；当后两部分凸显时，就形成起始事件，如The window broke；当最后一部分凸显时就是状态，如The window is broken.

使因分析模式把参与者与论元的句法实现联系起来，使因链中先出现的参与者在力量传递方面的重要性高于后出现者，因此参与者的位置也决定了论元句法实现的优先排列，使因模式对题元角色层级关系有了很好的解释。

4.1.2.4 事件结构的词汇分解模式

越来越多的语言学家发现论元句法实现的语义决定因素来自于能够语义分解的动词的意义，对动词分解的方法最早来源于 McCawley (1968)，他将 KILL 的语义分析为 CAUSE TO BECOME NOT ALIVE。Dowty (1979)把 Vendler 划分的本体事件类型用初始动词(primitive predicate)DO，CAUSE，BECOME 来分解。Jackendoff (1990)，Rappaport 和 Levin (1998)，van Valin 和 Lapolla (1997)将词汇分解理论进一步发展，其中 Rappaport 和 Levin (1998)的事件模板(event template)理论具有较大影响力。

在事件模板理论中，动词意义是由一些表达状态或者方式的常量(constant)加上定义动词的事件模型构成的，也就是动词词根意义加上动词的结构意义，前者按照本体类型的不同可以表示活动的方式、工具、地点和状态等，结构意义是由 ACT，CAUSE，BECOME，STATE 等初始动词和谓词的基本论元构成的事件结构模板。事件模板理论可以用来定义 Vendler 的事件类型，如(10)：

(10) a. [x ACT $_{<MANNER>}$] (活动)

b. [x <*STATE*>] (状态)

c. [BECOME[x<*STATE*>]] (完成)

d. [x CAUSE [BECOME[y<*STATE*>]]] (达成)

e. [[x ACT $_{<MANNER>}$]CAUSE [BECOME[y<*STATE*>]]] (达成)

(Rappaport & Levin 1998：109)

为了解释复杂事件和次谓词，Rappaport 和 Levin (1998)提出模板增容(template argumentation)过程，基本事件模板可以自由地增容到其他事件模板之上，该过程能够对结果结构进行解释。(11)中 sweeping 活动事件通过添加另外一个次事件 the floor becoming clean 增容成达成事件。

(11) a. Phil swept the floor.

[Phil ACT $_{<SWEEP>}$ floor]

b. Phil swept the floor clean.

[[Phil ACT $_{<SWEEP>}$ floor] CAUSE [BECOME [floor <CLEAN>]]]

在事件结构的词汇分解模式中，论元实现依赖论元在事件结构中的位置，不需要题元角色，因此就避免了题元角色的缺点。

4.1.3 句法事件结构界面

词汇语义事件结构界面假定词汇语义表达式独立于句法结构，连接规则把事件结构的论元与句法结构的论元连接起来，如Rappaport 和 Levin (2001: 779)提出事件结构的每个次事件至少在句法上有一个论元。但是事件表达式的独立地位违背了生成语法学家的假设：句法是人类语言官能唯一的生成系统。因此，生成语法学家就提出事件结构就是句法结构，这就大大简化了论元结构理论。既然论元结构、事件结构、句法结构等同，就没有必要设立独立的词汇语义表达式，连接理论也没必要存在了。句法事件结构研究比较复杂，句法学家对一个复杂事件由哪些构件构成有不同的理解，他们会采用不同的功能语类对事件进行编码，因此形成不同的事件句法表达式。

生成语义学家 McCawley (1968)第一个提出深层结构可以直接表达为谓词的事件结构。他采用词汇分析的方法把谓词分解为BECOME，CAUSE 和 NOT 等初始动词以表示事件结构，动词 kill 的句法表达式为(12)。事件结构的内部构件对应于其相互关系在句法位置。

(12) Kill

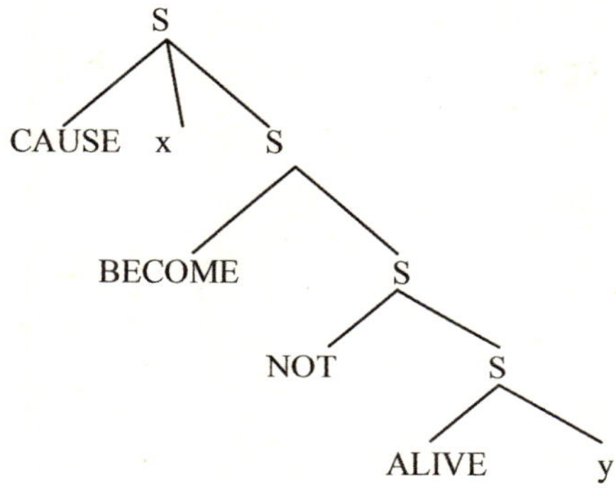

在生成语义学之后，句法事件结构研究在 VP 壳和功能语类的帮助下有了更多的发展。在最简方案理论框架下，VP 壳理论和轻动词理论的提出又增加了句法结构的复杂性。VP 壳理论由 Larson (1988) 提出，后由 Chomsky (1995)，Radford (1997) 进一步发展。根据 VP 壳理论，VP 被分裂成两个小的 VP 片段并设置空核心的壳结构，这样一来，一个事件及其所有的参与者就都被涵盖在了一个动词短语 VP 中，即论元在 VP 内被贴上题元角色，实现了句法结构与事件结构的对应。

VP 壳理论的核心是 VP 是个复杂结构，包括内层 VP 和外层 VP 壳，一些论元(如施事)发源于外层 VP 壳，一些论元(如客体)发源于内层 VP。VP 壳可以在句法上复制复杂的语义结构，实现句法和语义之间的一一对应，词汇语义和句法之间高度透明。例如 Hale 和 Keyser (1993) 将句法区分为词汇句法(l-syntax)和句子句法(s-syntax)两种，把事件结构的表达放在了词汇句法部分来处理。VP 壳的两个结构位置与题元角色相连，施事位于致使轻动词的标志语位置，受事或客体处于轻动词补语的标志语位置，句法结构直接对应致使关系事件，如(13)：

(13)

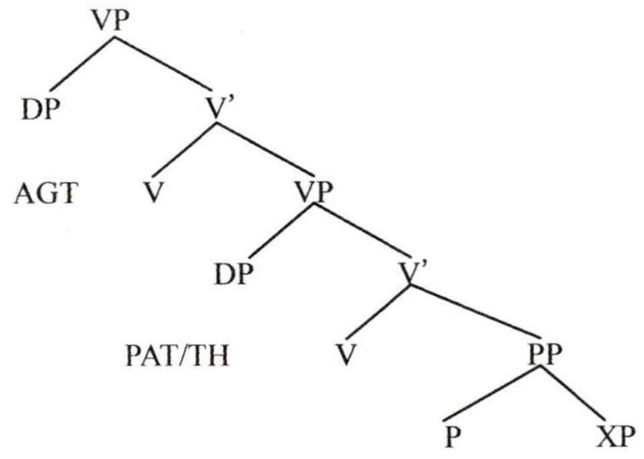

按照(13)的事件结构,John shelved the books 的句法生成如(14),VP_1 表达施事性动态事件,同 VP_2 有致使关系,VP_2 表达状态变化。

(14)

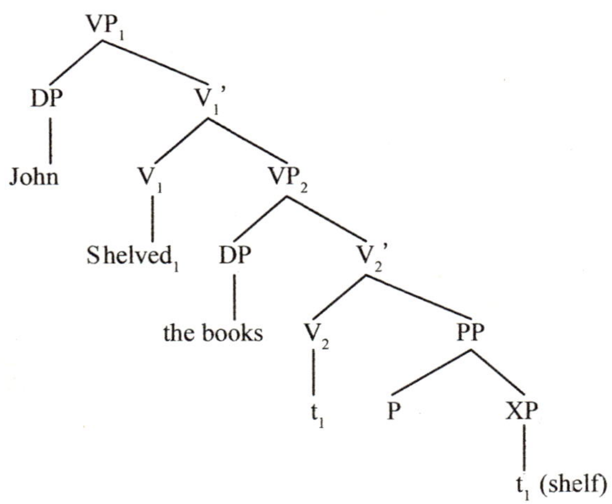

事件结构的句法研究还引入了一些具有事件语义功能的功能语类,Borer(1994)第一个提出论元并不承担题元标记,而是在体映射的标志语位置得到语义解读,也就是说论元在体映射的标志语位置生成,在那里得到体解读。Arad (1996)以 Borer 的模型为

基础建立了自己的理论模型：句法结构的第一个节点是 AspEM(event measure，事件量度)，论元被赋予宾格，表明该论元是动词描述事件的量度，其题元角色为主题(theme)，含有量度的事件是有界性事件。第二个节点是 AspOR(originator，起因)，论元被赋予施事，表明该论元是动词描述事件的起因，其题元角色为施事(agent)，含有起因的事件往往有一个时间起始点。动词 kill 所描述的事件既有起始时间又有终止时间，其论元结构的生成如下：$[_{AspOR}$ NP $[_{Asp\ EM+EM}$ NP $[_{VP}$ V_{kill}]]]。

Ritter 和 Rosen (1998, 2000, 2001) 通过功能项映射分解句法事件，他们提出两个功能投射，即起点(initiation)和界定(delimitation)，分别与表示主语和宾语的功能投射的 AgrS 和 AgrO 相一致。主语移到[Spec, Agr-s]位置获得主格，为事件的起因(originator)，宾语移到[Spec, Agr-o]位置获得宾格，为事件界标(delimiter)。事件模型如(15)：

(15)

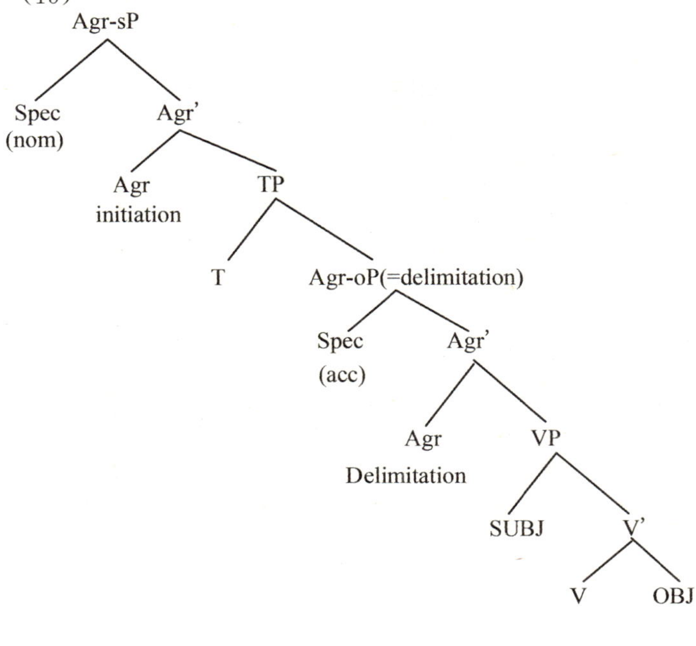

句法事件结构研究比较复杂，句法学家对一个复杂事件由哪些构件构成有不同的理解，他们会采用不同的功能语类对事件进行编码，因此形成不同的事件句法表达式。事件结构和句法结构的合并假设令人欢欣鼓舞，事件句法学通过句法结构手段来表达事件参与者以及事件内部组件之间的关系，事件结构就可以在句法结构中得到清晰透明的表达，实现了事件结构、论元结构和句法结构的统一。句法和语义之间的连接问题就没必要再去考虑，避免了题元角色、题元层级、题元角色赋予一致性等方面的问题。但是事件结构与句法结构之间并不总是有对应关系，Truswell (2011)指出，短语结构中的中心语-补语关系对应于核心事件的致使关系，但有些扩展事件的允许关系(enablement)就没有对应的短语结构。例如：根据最短距离原则，带有阐述理由分句(rationale clause)的主句宾语享有优先权，成分统治(c-command)分句PRO主语，然而分句PRO主语必须受主句主语控制，如(16)所示，主句和分句之间的允许关系与句法关系并不一致。

(16) a. John hugged Mary [in order to make himself happier.]

b. *John hugged Mary [in order to make herself happier.]

另外，句法事件结构假设是主要建立在生成语法基础上的，特别是功能语类的设立，如果生成语法有问题，句法事件结构研究就变得没有意义。Culicover 和 Jackendoff (2005)就指出最简方案缺少经验基础、过分强调结构一致性等问题，认为更简句法(simpler syntax)比最简方案更简。更简句法中的句法是单层的(monostratal)而不是多层的，不存在通过移位或者转换等操作与表层句法相联系的隐性结构。更简句法摒弃了句法中心论，承认句法、语义和音系各自独立的组合特性，形成句法、语义和音系三种生成结构平行建构的理论模式，语法组合性具有多重来源。Truswell (2011)赞同平行建构理论，认为事件结构独立于句法结构，事件结构研究更符合最简思想。

4.1.4 构式界面

词汇语义-句法界面研究除了题元角色和事件结构研究方法以外，还有构式语法研究方法。构式语法（Construction Grammar）是近十多年来兴起的认知研究方法之一，所研究的构式也被认为是句法-语义界面。所谓构式是指语言中形式和意义的结合体，Goldberg（1995）把构式定义如下：

> 构式是形式和意义的对子（pair）。假如说C是一个构式，当且仅当C是一个形式和意义的对子＜Fi, Si＞，而且形式或意义的一些方面不能从这个构式的组成部分或其他先前已有的构式中完全推知（strictly predictable）。
>
> （Goldberg 1995：4）

构式语法理论的最大贡献在于提出了“构式具有独立于其构成成分之外的意义”。关于论元的句法实现，Goldberg认为，论元结构的形式和意义不能归结为动词的意义，也不能归结为动词意义和句子其他部分意义的组合，而是应该归结为论元结构的整体，即论元结构的形式和意义来自于构式。

因此可以看出，不同于题元角色界面和事件结构界面理论，构式界面的理论前提并不是语法的模块性，而是强调形式和意义都是语法中每个具体构式或规则的组成部分，不是语言中的不同模块。另外，词汇语义研究认为，动词是句子的中心，承载了丰富的句法语义内容，并在很大程度上决定了它所在句子的句法语义结构。因此，题元角色和事件结构界面研究动词语义对句法的影响。尽管构式也可以归入词汇语义研究，但构式语法研究句法和语义的相互影响作用，正如Goldberg（1995：24）指出，句子的意义包括两个方面：词汇意义和构式意义，两者以非单调的方式互动（interact in non-trivial ways）。当动词出现在不同的构式里，整个构式就表达了不同的语义，但这些语义差别不能归结于动词的语义，而应当归结于构式本身。

构式能够较好地解决动词多重论元实现问题和范畴化问题。

动词可以出现在不同的论元结构中不是因为动词一词多义，而是因为动词处于不同的结构中，结构赋予它不同的意义，如英语动词 slice 和汉语动词"吃"。

(17) a. He sliced the bread.（及物）

b. He sliced the carrots into the salad.（使动）

c. He sliced Pat a piece of pie.（双宾）

d. He sliced the box open.（结果）

(18) a. 吃苹果（受事宾语）

b. 吃食堂（地点宾语）

c. 吃大碗（工具宾语）

d. 吃父母（来源宾语）

Goldberg (1995)指出，题元角色可以解释典型句法结构，对非典型句法结构需要用构式来解释，因为论元结构并非由动词的意义决定，动词的很多用法是由结构赋予的，而不是自身固有的，这样就避免了动词的不合理的义项。如(19)中，sneeze 为不及物动词，它的带宾语用法是由整个动补结构决定的。同样，bake 一般不带双宾语，kiss 的宾语后面一般不跟形容词，构式意义决定了动词的论元结构。

(19) a. He sneezed the foam off the cappuccino.

b. She baked him a cake.

c. He kissed her unconscious.

构式也可以很好地解释有些题元角色不能句法实现的现象。根据 Goldberg (1995)的观点，动词和构式之间的互动主要是指动词参与者角色和构式论元角色之间的相容性，二者之间必须遵守两条原则：语义连贯原则(The Semantic Coherence Principle)和对应原则(The Correspondence Principle)。前者规定只有在语义上相容的角色才能融合，如"踢者"和施事的实例关系；后者规定得到勾勒的动词参与者角色必须和相应构式中被勾勒的论元角色相融合。但是勾勒的动词参与者角色有时不能句法实现，而是通过"遮掩”方法(如被动句藏匿的施事)、“剔除”方法(如中动结构隐含的施事)、“角色合并”方法(如法语反身代词结构合并两个参与者)、“零补语”方法(如 eat 和 drink 后面不跟宾语作无定解)来解释不能句法实现的原因。可以看出,构式语法框架下尽管动词的语义也起作用,但语义和句法之间的关系一般由构式决定。

构式语法在多个方面做到了创新,如打破了词汇和句法的界限,区分了构式义和词汇义。构式义引入了句法、语义、词汇、语用,对语言进行全息解释,但就句法、语义关系研究而言,最大的创新在于构式义和动词语义的互动。以往的界面研究基本上是单向研究,而界面研究必须是双向的,构式为界面研究提供了一个新的研究方向,并且解决了很多多重论元实现问题。

但是,构式界面也存在许多问题。第一,构式语法对非典型结构的论元实现有较好的解释力,但是人类的认知应该从一般到特殊,语法应该是高度概况抽象的,如果任何形义结合构成构式的话,语言中就有无数构式,构式都是习得来的,那么就必然增加了大脑的负担。第二,构式语法否认句法组合规则的作用,认为词库和句法之间没有严格的界限,陆俭明(2008: 148)就指出,否定语言的组合性无论对语言教学、自然语言处理还是对语言本身种种现象的解释都是不利的。第三,构式语法过分强调了构式的作用而忽视了动词的作用,动词的参与者角色压制和添加的规律有待探讨,如何才能做到词汇义和构式义相融合?为什么同类动词进入同一结构接受性不同?如英语中动结构,为什么只有某些不及物动词可以进入中动结构,而且不同语言表现不同(例如:The music dances well/* The sofa sits well/这个沙发坐起来舒服)?构式语法关于动词的作用的看法从词汇语义的一个极端走向了另一个极端。

4.2 平行建构理论

从以上讨论可以看出句法-语义界面领域三个研究路径都存在一些问题。相比较而言,笔者认为词汇语义事件结构界面更具有说服力,论元并不是单纯由动词决定,而是由谓词的性质加上事件组合的规则决定的。词汇语义事件结构克服了单一依靠词汇范畴化规则无法解决的论元实现问题,相对句法事件结构,词汇事件结构更具有经验认知基础,符合当代句法研究的潮流。

但是,词汇语义事件结构界面存在许多问题,亟待解决和发展。词汇语义事件结构模式多种多样,其本质还需进一步讨论,句法、语义之间的连接规则也需进一步研究,现有的事件结构模型都存在问题,建立新的事件结构模型是界面研究的一个发展趋势。语用、世界知识在论元句法中起作用,这是词汇语义事件界面较少涉及的一方面。另外,构式语法存在问题,但是构式的作用不容忽视,特别是句法和语义之间的互动思想。把构式的合理部分融入事件结构中也是界面研究的发展趋势。

因此,建立不拘泥于一种理论,吸取各家之长的综合句法-语义-语用界面是当前论元结构研究的新趋势。Jackendoff (1990), Culicover 和 Jackendoff (2005)的平行建构(Parallel Architecture)理论就为探寻合适的句法-语义界面提供了理论支持,该理论吸取了生成语法和认知语法的优点,把形式化和概念化有机结合起来;该理论赞同词汇语义学但又不排除构式的作用,成为句法研究的新动向。Culicover 和 Jackendoff (2005) 把生成语法理论分为以 Chomsky 为代表的主流生成语法派和其他生成语法派(如中心语驱动短语语法、词汇-函项语法、构式语法等),平行建构理论介于二者之间,更接近于其他生成语法。平行建构理论主要由两部分组成:更简句法(Simpler Syntax)和概念语义学(Conceptual Semantics)。接下来笔者将探讨如何在平行建构理论框架下建立合适的句法-语义-语用界面。

4.2.1 更简句法

从标准理论到支约理论，再到最简方案，生成语法一直坚持句法中心的理论建构。Chomsky 的句法中心主义是指句法是语言生成性的唯一来源，所有语言的组合性均来自于句法，音系和语义的组合特性完全是以其句法派生的方式来表征的。当起始的句法树符合语法规则时，所有从句法派生到音系和语义的派生步骤都是合法的。生成语法一直坚持句法、语义一致性的原则，即坚持界面一致性(interface uniformity)，认为动词的题元与其句法位置之间是严格对应关系，语义论元是通过题元角色向句法位置投射的。

界面一致性促使主流生成语法采用中心语移位、VP 壳、功能投射等技术手段，引入了句法的隐含层或底层，用来解释表层句法和语义之间的不匹配现象。Culicover 和 Jackendoff (2005)否定界面一致性假设，提出了更简句法假设(Simpler Syntax Hypothesis)：最具解释力的句法理论应该是那种只保留在音系和意义之间进行调配所需的最简结构的句法理论(2005：88)。

更简句法把解释力更多地放在了语义和语用上，而不是在句法上。Culicover 和 Jackendoff 提出"工具箱假设"(Toolkit Hypothesis)：作为人类长期生物进化的结果，语言官能为人类提供了一套可以在历史进程中拼凑各种语言的工具箱。人类社会中的每一种语言最终都是通过从这个工具箱中选择不同的工具并将之规约化来构建音义之间特定的匹配(Culicover & Jackendoff 2005：5)。语言中存在大量语义/语用因素，它们不能被统一编码成为合理的句法形式，也没有合理的句法推导能将之转换成句法结构，更简句法提出句法/语义界面(interface)以对其解释。由语义、语用对句法结构负责，复杂的句法推导就没有必要了，句法就简化了。

Culicover 和 Jackendoff (2005)放弃了主流生成语法的句法中心架构，创建了三分平行架构。平行建构理论模式形成的句法、音系和语义三种平行结构，除了它们各自的组织原则限制外，语法中还包括用以决定平行构件之间如何联系和匹配的界面原则限制。界面原则确立组合系统内两个或多个结构之间的关联，各个结构之间通常是多对多的映射关系。平行建构理论模型如图 4-2 所示。

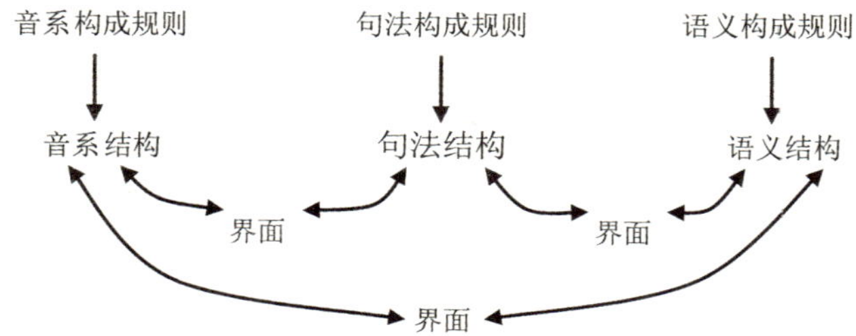

图 4-2　平行建构模型(Jackendoff 2007：49)

词汇被看成是一种音系、句法和语义结构之间的界面片段(a piece of interface)，它被同时嵌入上述三种结构中并且在它们之间建立起一种连接。传统上的词库和语法分离是错误的，在更简句法中，从词汇(word)到规则(rule)被看成是一种由边缘到核心的连续体，其中词汇被认为是最具个性化(the most idiosyncratic)的现象，之后是习语(idiom)，之后是真正个性化的构式(construction)，之后是更具概括性但仍然是异化(specialized)的构式，最后是最具概括性的核心的句法原则。语法规则可以看成是漂白了的(bleached)习语，适用于词和习语的习得机制也同样适用于语法规则的习得。

根据 Jackendoff (2007)的观点，放弃句法中心主义而采取平行建构模型的原因主要有三个。第一，没有人论证过句法中心模型的正确性，在 Chomsky (1965)的《句法理论面面观》中该模型只是个假设，后来变成一个教条和未加说明的背景知识，而平行建构则通过音系和语义结构特征论证其正确性，并不是所有音系结构和语义结构都与句法有关。第二，句法中心模式坚持严格的句法/

语义界面一致性，而语义结构在形式上比表层句法丰富，因此句法必须足够丰富才能解释句法/语义之间的映射，导致句法结构中存在一些隐含成分（如语迹）和句法操作（如移位）。Culicover 和 Jackendoff (2005)就指出，隐含成分和句法操作增加了语法的复杂性，不符合奥卡姆剃刀（Occam's Razor）原则，句子结构是平面结构（flat structure），没有移位等隐含机制，句法和语义之间的映射可以用句法/语义界面来解释。第三，句法中心理论把语言学和其他认知科学分裂开来，而平行建构理论把语言结构和其他心智/大脑理论联系起来。

4.2.2 概念语义

更简句法减轻了句法负担，把更多的解释放在了语义上。相对于真值语义学，Jackendoff 提出了概念语义学（Conceptual Semantics），是基于认知的语义解释，目的是揭示人类概念下的组合系统，其基本假设为语义学是人类理解世界更大心理学理论的一部分，语义学的研究目标是一种心智结构，即概念结构。真值条件语义学是关于这个世界本身的，概念语义学是关于我们如何掌握世界的，概念结构按照人类概念化世界的方式对世界进行编码，它在很大程度上独立于语言并在认识上先于语言。概念结构通过界面规则把语言结构和心智结构联系起来。句法形式是人类对现实概念化的反映，概念结构是句法有关的语义结构，它决定句法结构形式的选择，构成句法-语义界面。影响句法结构的概念结构主要表现在以下几个方面。

4.2.2.1 事件结构

Jackendoff (1990)提出词汇语义表征或事件结构，即概念结构的描写层（命题结构或连接项-论元结构）分为两个层级：主题层（thematic tier）和行为层（action tier）。主题层表示事件参与者的空间移动，表达事件运动和处所方面的语义信息，也就是处所事件表征方法“处所分析法（the localist approach）”。根据处所模式，动词都可以看作是关于运动或者处所的动词，事件分为运动事件和处所事件，运动事件的参与者角色为客体和路径，处所事件的参与者角色为客体和处所。

Jackendoff 采用语义连接项(function) BE，STAY，GO，EXTEND 和 ORIENT 组织状态和事件，并且编码处所、运动和方位。这些连接项都可以带两个论元：BE (客体，处所)，GO (客体，路径)，STAY (客体，处所)，ORIENT (客体，路径)，EXTEND (客体，路径)。另外，还有一个联系项编码相对于参照物体的处所和路径，如 IN (X)，ON (X)，TO (X)，FROM (X)，TOWARD (X)，NEAR (X)等。例句 Bill went into the house 的事件表征如下：

(20) $[_{\text{Event}}\text{GO}\ ([_{\text{Thing}}\text{BILL}],\ [_{\text{Path}}\text{TO}\ ([_{\text{Pace}}\text{IN}\ ([_{\text{Thing}}\text{HOUSE}])])])]$

以上事件表征为简单事件和状态的表征，复杂事件和状态的表达还有其他语义连接项。第一类语义连接项为致使连接项，如 CAUSE (致使者，致效者)，LET (致使者，致效者)，HELP (致使者，致效者)，ENABLE (致使者，致效者)等；第二类为体连接项，如 INCHOATIVE(起始)和 PERFECTIVE(完成)。例句 The pool emptied 和 John emptied the pool 的事件结构分别如下：

(21) a. $[_{\text{Event}}\ \text{INCH}\ ([_{\text{State}}\ \text{BE}_{\text{Ident}}\ ([_{\text{Thing}}\text{POOL}],\ [_{\text{Place}}\ \text{AT}\ ([_{\text{Property}}\ \text{Empty}])])])]$

b. $[_{\text{Event}}\ \text{CAUSE}\ ([_{\text{Thing}}\ \text{JOHN}],\ [_{\text{Event}}\ \text{INCH}\ ([_{\text{State}}\ \text{BE}_{\text{Ident}}\ ([_{\text{Thing}}\ \text{POOL}],\ [_{\text{Place}}\ \text{AT}\ ([_{\text{Property}}\ \text{EMPTY}])])])])]$

(21)a 包括两个次事件(状态变化事件和处所状态事件)，(21)b 包括三个次事件(致使事件、状态变化事件和处所状态事件)。

相对于主题层，行为层代表事件结构更为抽象的维度，对应于事件结构致使模型中的力的传递(Talmy 1988；Croft 1991，1994，1998)。行为层表示事件参与者之间力的传递，表达行为者和受事之间的施受影响关系。参与者之间力的传递方向决定语法关系中论元连接的顺序，在句法、语义连接中，动作层优先于主题层。

Jackendoff在行为层引入连接项影响(affectedness),该连接项的第一个论元为行为者(actor)。例句 The car hit the tree 的概念结构如(22):

(22)

$$\begin{bmatrix} \text{INCH [BE ([CAR], [AT [TREE]])]} \\ {}_{\text{Event}}\ \text{AFF ([CAR], [TREE])} \end{bmatrix}$$

在行为层上还有一个与AFF相对的连接项REACT,该连接项映射的论元受事处于主语位置,这就可以解释心理动词的论元实现。如John frightened/The snake frightened John,frighten在主语位置既可以是经验者,也可以是刺激者,因为前者具有REACT连接项,后者具有AFF连接项。

Jackendoff(1990, 1991)还引入一套概念特征,如有界性(boundedness)、内部结构(internal structure)、维度(dimensionality)和方向(directionality)等,在新的框架下把Vendler的事件类型重新表达出来:状态是无方向的,维度为0或1,可能是有界的,也可能是无界的,但不是间断的,不具有内部结构,如have。活动事件是无界和方向性的,或者是固有属性,如swim;或者因压制有界事件而产生,如be running to the store;或者产生于反复的有界事件,如flash repeatedly。完成事件具有方向性、有界性,发生在一定时间段内,本质上具有1个维度,如run to the store。达成事件标记事件的终点,如reach the top, arrive, die, finish。达成事件基本上是0维度,但在状态改变之前也有一点扩展,所以达成事件的维度为0(+ε)。

从以上的讨论可以看出,Jackendoff的事件结构并不孤立于其他词汇事件结构,事件表达式基于谓词分解,与Rappaport和Levin的事件模板相似,causal连接项和affectedness连接项与Croft的事件结构的致使模型相似,同时又发展了Vendler的事件结构的体模式。简言之,Jackendoff的事件结构综合了不同研究路径的特点,符合语言理论发展的趋势,必然有更大的解释力。

4.2.2.2 物性结构

Jackendoff 平行理论框架中，概念结构除了包括事件结构这个语言相关的语义以外，还包括普遍概念信息、百科知识和语用信息。Jackendoff (1983，2002)认为没有必要区分这两类语义，语义和语用是分不开的，而是非常复杂地交织在一起，我们无法先表达语义，然后再表达语用。Haiman (1980)，Langacker (1987)，Taylor (1995)等也指出语言知识和语言外知识之间没有清晰的界限。Yoshimura 和 Taylor (2004)认为世界知识不仅能够决定语言表达式的得体性，还能决定其可解释性和语法性。Jackendoff (2002)指出，相对动词而言，名词的组合语义被忽视了，词汇概念语义包含物性结构(qualia structure)。

词汇信息在句子意义组合中起着积极和必不可少的作用，Jackendoff 并没有对词汇语义进行形式化研究，而是借用了 Pustejovsky (1991，1995)的生成词库理论中的物性结构，把物性结构并入概念结构当中。Jackendoff (2002：369)认为物性结构理论非常好地阐述了词汇概念，物性信息对概念组合起着关键性作用。

Pustejovsky (1991，1995)借用了 Aristotle 的物性概念，把词的意义分为四个方面或物性。Pustejovsky (1995：85-86)对四个物性特征或物性角色进行了详细说明：

a. 构成角色(Constitutive Q_C)：描写物体与其组成部分之间的关系，包括材料、重量、部分和组成成分等。具体来说，构成角色指一个实体的内部构成，即由什么构成？各部分是什么？起什么作用？各部分如何关联？

b. 形式角色(Formal Q_F)：在更大的领域内辨认物体，描写物体在更大的认知域中区别于其他物体的属性，如方位、大小、形状、维度、颜色、位置、味道等，依赖这些属性把一种物体与其他物体区别开来。

c. 功能角色(Telic Q_T)：描写物体的目的和功能，包括施事做某个行为的目的，规定某些活动的固有的功能或目的，如椅子的功能角色是用来坐，报纸的功能角色是用来阅读。

d. 施成角色（Agentive Q_A）：涉及物体的来源或物体是如何产生的，包括创造者、人工制品、自然类别、因果关系等。施成角色是实体的“生活史”，如果是动物，就包括它们的孕育、出生、成熟和死亡；如果是人工制品，就包括如何制造、由谁制造、随着时间的流逝或磨损会有什么变化、如何处理等。

Cruse (2000)把四个物性角色阐释为不同的“看事物的方法”，包括从事物的部分-整体看（构成角色），从事物分类的角度看（形式角色），从事物的相互作用看（功能角色），从事物的生命周期看（施成角色）。(23)以 novel 为例加以说明：

$$
(23)\quad \begin{bmatrix} \text{novel} & \\ \ldots & \\ \text{QUALIA} & \begin{bmatrix} \text{CONST} = \text{narrative} \\ \text{FORMAL} = \text{book} \\ \text{TELIC} = \text{reading} \\ \text{AGENT} = \text{writing} \end{bmatrix} \end{bmatrix}
$$

物性结构代表充实的词汇结构，但是并不是所有词汇项都对物性角色赋值，一些物性角色可能凸显，而另外一些物性角色就不重要，novel 的功能角色就比其他角色重要。物性角色可由语境选择性激活，Yoshimura 和 Taylor (2004)以形容词和名词组合来展现语境在决定词义时的作用：当 old, young, new 等与名词结合时，名词的施成角色就会被激活，如 old man；当 broken, torn, injured 等与名词结合时，名词的构成角色就会被激活，如 torn newspaper；large 和 small 会激活形式角色，如 a large horse；good 和 useless 会激活功能角色，如 a good book。同样，句子语境也能激活论元的某些物性角色。

物性角色的选择也决定谓词意义的选择。Pustejovsky (1995)在讨论动词和名词之间语义互动时提出共同规定（cospecification）

这一概念，正如动词能选择论元类型一样，论元本身也选择管辖它的谓词，名词的物性结构用来规定动词的解读。例如：bake the potato 和 bake the cake，前一个 bake 意义规定为"改变状态"，后一个 bake 意义规定为"创造"。这是因为前者的补语是自然物体，凸显形式角色，后者补语为人工制品，凸显施成角色。

从以上的讨论可以看出，词汇概念意义之物性结构在句子意义表达中起着非常重要的作用，Jackendoff(2002)指出，物性结构在连接句子中的词的意义方面发挥了积极的作用，他把句子各部分的构造过程称作"共组"(co-composition)，共组要求各个成分之间要有语义融合性(compatibility)。

4.2.2.3 信息结构

Jackendoff 的概念结构分为几个层面，包括命题结构和信息结构，命题层编码谁对谁做了什么、如何做、在哪里、什么时候，表现为事件结构，信息结构编码话题、焦点和共同域(common ground)。语言学界已形成广泛共识，句子部分短语语义/语用是按照信息结构组织安排的，信息结构涉及焦点/预设、话题/评论、主位/述位、旧信息/新信息的区别。焦点和话题之间有重叠的地方，焦点对应于预设(包括话题)，话题对应于评论(包括焦点)。Jackendoff (2002)采用共同域这个术语特指既不是话题也不是焦点的那部分信息。焦点是说话人假设不为听话人所指的信息(Jackendoff 1972)，在句中是必需的，话题和共同域是可选择的。焦点在语用上为不可恢复信息，在听者心中为新信息(Lambrecht 1994: 218)。在句中产生合适的焦点，或者说句子要具有信息性，是保证句子语法性的前提。没有焦点的句子一般是不恰当的，不可接受的。

Jackendoff 的平行建构理论没有太多涉及信息结构对句法结构的影响，但越来越多的语言学家达成共识：信息结构等语用因素构成句法-语用界面。Goldberg (2001)就提出，论元的实现除了与构式和词汇语义有关以外，语篇因素的作用也不能忽视。句法结构可以通过语用推理和现实世界知识简化结构，如果论元从语篇中可以恢复就可以省略。Goldberg 指出，致使动词的受事论元并不总是能句法实现，如 The tiger only kills at night。Goldberg (2001：514)提出语篇不凸显条件下的省略原则：当受事论元在语篇中相对于动作不被强调时，受事论元省略就是可能的。也就是说，当受事论元在语篇中不具备话题性(或焦点性)就可省略，而动作通过重复、强烈的情感立场、语篇话题性、对比焦点等方法得到特别强调。

当动作受到强调时，受事论元就不能具有信息凸显性，可以省略，动作受强调的方式有很多，如(24)：

(24) a. Pat gave and gave but Chris just took and took.（重复动作）

b. Owls only kill at night.（泛指动作）

c. Why would they give this creep a light prison term!? He murdered!（强烈的情感立场）

不可预测性和关联性有助于语篇凸显，信息凸显的成分不可省略。Goldberg (2001)指出，动词词汇意义有助于这两个因素，一些致使动词比其他致使动词更容易省略受事论元，原因在于这些动词的受事论元具有较高预测性(非焦点性)和较低的相关性(非话题性)。例如(25)，recycle 的对象是常识，而 break 的对象太广泛，就无法预测，动词的意义决定了句子的接受程度不同：

(25) a. That man always recycles.

b. *That man always breaks.

(Goldberg 2001：512)

除了论元实现受信息结构影响以外，句子附加语也受其影响。附加语作为句子的修饰语一般是可选择的，有时候信息结构的焦点要求使得附加语成为必需的成分。Goldberg 和 Ackerman (2001)指出附加语是满足焦点需求的方法之一，如果附加语缺失，就必须采用其他方式替代满足焦点需求，如情态动词、强调等方法，如(26)所示。焦点需求信息原则正如语用原则 Grice 的量准则(Grice 1975)和 Horn 的关联原则(Horn 1984)。

(26) a. ♯The house was built.

b. The house was built **last year.**（附加语）

c. The house **will** be built.（情态动词）

d. The house **WAS** built.（强调）

4.3 句法-语义-语用界面模型

基于以上的讨论，可以看出 Jackendoff 的概念结构把句法和语义连接起来，概念结构具体由三部分组成：事件结构、物性结构和信息结构。事件结构以谓词为中心，是与句法实现相关的语言内语义知识，谓词决定论元的实现；物性结构以论元为中心，论元影响动词的选择，涉及成分之间的语义融合；信息结构涉及影响句法结构的语用因素。物性结构和信息结构为语言外世界知识和语用知识。笔者认为概念结构构成合适的句法-语义界面，其中事件结构是概念结构最重要的组成部分，是人类认知体验的概念化和图式化，在论元实现中起着主导作用，决定语法关系、语序及各个句子成分所受的限制。事件结构的决定作用符合认知语言学的基本假设，即人类经验→概念化→图式化→语言形式。物性结构和信息结构起着补充作用，分别通过遵循语义融合原则和语用原则起补充作用，是对语法关系的语义和语用充实。只有三个方面的限制都满足了，一个句子才可以被接受。事件结构和物性结构属于语义，而信息结构属于语用，语义和语用都与句法相互作用，构成的句法-语义-语用界面模型如图 4-3 所示。

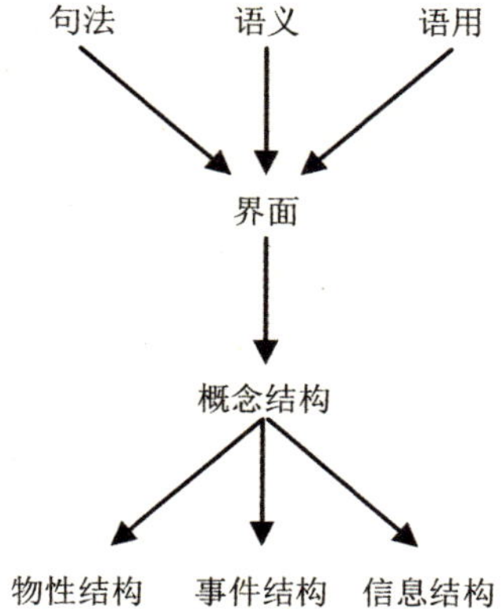

图 4-3 句法-语义-语用综合界面模型

笔者坚持句法、语义、语用之间的相互作用，界面的影响是双向的，语义、语用影响句法表达。同时，笔者赞同构式语法的观点，句法也影响语义和语用。因此，合格句子的生成同时受句法、语义、语用因素制约。

4.4 结语

本章对文献中的各种句法-语义界面理论进行了综述，指出了题元角色、事件结构、构式等界面存在的问题。在 Jackendoff 的平行架构理论下，基于概念结构，本章建立了一个新的句法-语义-语用界面，即包括事件结构、物性结构和信息结构的句法-语义-语用界面。该界面模型是一个综合性的句法-语义-语用模型，仍然坚持谓词在句子生成中的决定作用，但也不忽视名词的作用以及句子的信息结构的作用。

第5章

英语中动及其相关去及物化结构

本章在综合句法-语义-语用界面理论模型下对英语中动及相关去及其物化结构进行研究，探讨这些相似结构生成所受的句法、语义、语用因素制约以及它们之间的关系，尝试对去及物化结构的生成作统一的解释。

5.1 英语中动结构的多样性

通过第 2 章对中动结构的跨语言界定，我们得知中动结构的特征分为定义特征、典型特征和非典型特征，这些特征的存在使得英语中动结构具有多样性。多样性增加了理论解释和概括的难度，笔者期望综合句法-语义-语用界面理论能够对所有类型的中动结构有统一的解释。

第一，非施事论元的多样性。英语中典型中动结构主语为中动词的直接论元，直接论元分为受事论元、客体论元和经验者（experiencer）论元；非典型中动结构主语为间接论元，即附加语论元，附加语论元又分为工具论元、材料论元、方式论元、处所论元等。各类中动主语分别如下：

(1) a. This bread digests easily.

b. This oven cleans quickly and effortlessly.

(2) a. Color photographs don't copy very well.

b. Greek doesn't translate easily.

(3) a. John startles easily.

b. They frustrate easily.

(4) a. The top loch fishes well.

b. The wood carves the toy easily.

c. The music dances better than the other.

d. The bed hides under easily. (Rosta 1995: 129)

(1)～(3)属于直接论元主语，但是它们之间也存在差异，(1)的受事论元会发生状态变化，(2)的客体论元没有发生状态变化，(3)的直接论元为经验者论元。(4)中的主语为间接论元，分别为工具、材料、方式、处所论元，其中工具论元最为常见。

第二，中动词的多样性。典型中动词为及物动词，在中动构成时去及物化，变成不及物动词，但是英语中动词的情况要复杂得多，及物动词和不及物动词都可以进入中动结构，如(5)和(6)：

(5) a. The car drives easily.

b. The book sells well.

(6) a. The music dances well.

b. The stage dances well.

(5)的中动词为及物动词，而(6)的中动词为不及物动词。中动词限制是中动构成中讨论最多的问题，中动词的类型非常复杂，往往是提出一种中动词限制，就会出现许多反例。例如：根据受影响条件(Roberts 1987)，只有能使主语状态发生变化的动词才能是合格的中动词，如(7)a，但是没有使主语论元发生变化的中动词也可以是合格的中动词，如(7)b。另外，并不是所有使主语发生状态变化的动词都可以作中动词，创造类和毁坏类动词不能参与中动构成，如(7)c。

(7) a. The tomato peels easily.

b. Small packages ship easily.

c. * The rocks destroy easily.

中动构成的体貌条件与影响条件相同，认为只有完成动词才可进入中动结构，如(7)a，活动动词和达成动词不可进入中动结构，然而有些活动动词和达成动词也可以进入中动结构，(7)b 和(8)a 为活动动词，(8)b 为达成动词。

(8) a. The book reads well.

b. [of a portable mini disc] "Two-line display liquid crystal Nabis remote control 1" which sees easily and is comprehensible... (Google)

(Davidse & Olivier 2008: 184)

因此，中动词限制不仅要解释为什么及物动词去及物化，还要解释哪些及物动词去及物化，也要解释为什么不及物动词也可参与中动构成以及不及物动词的性质是什么。

第三，中动语义的多样性。情态性是中动结构的定义特征，但是情态性意义非常广泛，典型中动释义为 can 或显性表现为 can，如(9)a；非典型中动表现为显性情态动词 will, shall, might, should，如(9)b；还有些非典型中动没有传统意义上的情态意义，中动主语不受责任性条件限制，如(9)c：

(9) a. The floor waxes easily.

b. The floor might wax.

c. Harlequin Romances, worldwide, sell six copies a second. (Fagan 1992: 55)

根据中动主语的属性特征，典型中动结构的语义可以划分为许多类，如促进类中动(facility middle)、阻碍类中动(hindrance middle)、品质类中动(quality middle)、比较类中动(comparison middle)、设计类特征中动(designing feature middle)，分别如(10)a～e：

(10) a. The dried mud scraps off effortlessly.

b. The dried mud scraps off with great difficulty.

c. The car handles smoothly.

d. The pizza eats like shoelace.

e. These chairs fold up.

促进类和阻碍类中动涉及隐含施事在实施潜在行为时的难易性，典型的附加语是 easily 及其同义词和反义词，如 effortlessly, without any difficulty, with difficulty。中动主语经常被定义为拥有某些内在品质促进、阻碍或防止谓词表述的行为。促进类和阻碍类为典型中动结构，加上中动结构常用于广告当中，促进类中动结构最为典型。

品质类中动表达结果事件展示的品质，隐含施事更加不凸显，附加语经常描写施事在实施行为时的感受，如 well, smoothly, evenly, poorly 等，其中 well 最为典型。比较类中动通过比较，把另一个实体的一定特征赋予主语，附加语表现为 like a dream, like candy, like a novel, better than 等，可以看出，这类中动也描写施事的体验。设计类中动把谓词的特征赋予主语，隐含施事最为弱化，如 The shirt buttons at the back。

第四，中动附加语的多样性。典型中动结构必须有附加语，附加语类型多样化，一般是副词，也可以是副词短语，甚至是形容词，分别如下：

(11) a. Japanese cars sell easily.（副词）

b. （Message on return envelope：）Be sure address reads **through window.**（Fagan 1992：56）（处所状语）

c. Sturdy clear plastic boxes... assemble **in seconds.**（Fagan 1992：68）（时间状语）

d. This kind of medicine sells **dear.**（徐盛桓 1981：30）（描写类形容词）

e. This kind of bread cuts **tender.**（描写类形容词）

f. Mary scrubbed **clean.**（Masuko 1999：111）（结果类

形容词）

尽管附加语类型多种多样，但并不是所有附加语都可以进入中动结构。Dixon（1991）观察到只有一小组副词能参与中动构成，例如表示速度（如 slowly，fast，quickly）、价值（如 well，badly，properly）、难易度（如 easily，with/without difficulty）的副词。中动结构中评价类的副词最为常见，尤其是肯定评价的副词，如 well，quickly，smoothly，readily 等，diligently，carefully，deliberately，expertly，intentionally 等施事性副词不能进入中动结构。评价类和施事类副词对比如下：

（12） a. Cotton irons easily.

a'. * Cotton irons cautiously.

b. The book reads easily.

b'. * The book reads passionately.

中动结构的附加语有时可选择，附加语被情态动词、否定、强调等代替，如（13）：

（13） a. The meat doesn't cut.（否定）

b. The floor might wax.（情态动词）

c. THIS knife cuts.（对比）

d. This dress BUTTONS.（强调）

第五，中动时体的多样性。中动结构的泛指性和非事件性使中动结构受时体限制，典型中动结构为一般现在时，过去时和进行体都不可进入中动结构，如（14）：

（14） a. * The novel is translating easily.

b. * Bureaucrats are bribing easily.

c. ? At yesterday's house party，the kitchen wall painted easily.

d. * The car will drive easily tomorrow.

但是有些中动结构也可以有过去时和进行体，甚至是将来时，构成非典型中动结构，如（15）：

(15) a. These cars are selling poorly/slowly. (Greenspon 1996：145)

b. The woolens washed well. (Dixon 1991：325)

c. The grandpa went out to kill a chicken for dinner, the chicken he selected didn't kill easily. (Iwata 1999：530)

d. She interviewed well. (Rosta 1995：132)

e. It will drink well for 3-4 years. (Paradis 2009：64)

5.2 英语中动结构的生成

中动结构的生成机制是任何理论都不可避免的问题。如此特殊的句式是否符合人类的一般认知规律？它受哪些因素制约呢？第3章对以往的研究路径进行了综述，指出每个研究路径都存在一些问题，本节期望在综合句法-语义-语用界面理论模型下对中动结构的生成有个更加全面的解释。

5.2.1 英语中动结构的事件结构制约

根据Jackendoff事件结构的处所分析法，传统意义上致使结构的施事划分为致使者和动作者。前者属于主题层，表示事件参与者的空间移动，表达事件运动和处所方面的语义信息；后者属于动作层，表示事件参与者之间力的传递，表达动作者和受事之间的施受影响关系。Jackendoff对致使概念结构的研究以Talmy(1985)的成果"施力-动态(force-dynamic)"为基础，是施力-动态的形式化。施力-动态是一个语义范畴，表示"两个实体之间的动力如何相互作用，例如作用力的实施、对它的抵抗力、抵抗力的克服、对力表达的阻碍、这种阻碍的排除等"(Talmy 2000：409)。施力-动态包含的两个实体分别为施力者(agonist)和反施力者(antagonist)。在The man kicks the ball中，the man是施力者，the ball是反施力者。

Talmy (1985) 认为可以用分解法表述致使动词,施力-动态把传统语言学中的致使概念分析成更细微的概念元(primitive),包括"使""让""阻碍""帮助"等。根据 Talmy (2000: 419),"让"表示对施力者的某一行为不加以阻碍,而"使"表示开始施力而导致一个行为。Jackendoff 也采用分解法,但对概念元进行了形式化,致使关系在主题层主要分成四个功能项:CAUSE, HELP, ENABLE 和 LET;动作层影响功能项 AFF 又分为 AFF^+, AFF^-, AFF^0,分别表示致使者和致使对象处于一致关系、致使者和致使对象处于对立关系和致使者没有影响致使对象,如(16):

(16) a. John helped Tom wash the dishes. (AFF^+)

b. John forced Tom wash the dishes. (AFF^-)

c. John let Tom wash the dishes. (AFF^0)

动作者又分为表示意愿的动作者(actor)和无意愿的做事者(doer),如 Bill rolled down the hill,该句是一个歧义句,Bill 可以主动施力滚下去,也可以是并没有主观意愿地滚了下去,Bill 是做事者。

根据英语中动结构的非事件性语义内容,中动事件是虚拟事件,即中动事件不参照真实事件,而是对主语特征、主语潜在能力的报告。主语的潜在能力能够致使某种事件的发生,表现为反施力者和施力者之间存在潜在对立关系,也就是反施力者对施力者的行为不加以阻碍,反施力者本身并没有释放能量,而是对施力者的反作用力。反施力者强于施力者,Rosta (1992)把中动主语反施力者称为"主施力者"(archagonist),认为它是最大力的参与者,具有致使、激发和保持事件的能力。Rosta (1995)认为主施力者不同于致使者,致使者是充分但不必要条件,而主施力者是必要但不充分条件。如(17)中,Sophy 是致使者,是冰融化的充分但不必要条件,而 the book 是主施力者,是书卖得很好的必要但不充分条件。

(17) a. Sophy melted the ice.

b. The book sold well.

功能项 LET 符合该类致使事件的表达，CAUSE，HELP 和 ENABLE 排除在外，因为它们表示“必须”有致使结果的意志性(volitional)行为和致使者有力的释放。研究表明情态动词 must 和 may 在概念语义上分别配对于 causing 和 letting，因此根据中动语义，letting 是中动结构的情态意义，比表示能力和可能性更广泛。中动主语受责任条件限制，主语的特征有助于隐含施事所做的行为，中动事件表述虚拟事件。因此，中动结构可以描写为一种致使事件结构，但是中动结构不是典型的致使结构，典型致使结构表示主语做了什么，主语为施事，而非典型致使结构表示主语是事件构成的客观原因，分别如下：

(18) a. John kicked the door open.

b. The crack in the wall let the light come in.

基于以上的讨论，我们可以把英语中动结构的事件模式表示如下：

(19)

$$\left[\begin{array}{l} \text{LET}\ ([\text{Y}],\ \left[\begin{array}{l} \text{CAUSE}\ ([\ ],\ [_{\text{Event}}\ \text{INCH}\ (_{\text{State}}\ \text{BE}\ [\text{Y}],\ )]) \\ _{\text{Event}}\ \text{AFF}+\text{vol}\ ([\ ],\ [\text{Y}]) \end{array}\right] \\ _{\text{State}}\ \text{AFF}^{0}\ ([\text{Y}],\ [\ ]) \end{array}\right]$$

中动事件结构是一个复杂事件结构，弱致使事件结构中包含一个强致使事件，[ ]代表隐含施事论元 X，Y 代表受事论元。在上层主题层，主语 Y 作为致使者使得中动潜在事件以某种方式发生，施事隐含论元作用于受事 Y，Y 状态开始发生变化。在下层动作层，受事和隐含施事论元之间有着零影响关系，受事具有一定的行为者特征。就能量传递而言，X 承担着施力者角色，Y 承担反施力者角色。中动结构的主语同时拥有致使者、行为者、施事和受事语义角色，一对多的句法-语义关系使得中动结构同时具有主动语态和被动语态的特点。但从整个中动事件来看，中动结构更倾向于主动语态，中动主语为隐喻施事。中动事件的语义内容为：Y的某种特性让Y受X的影响，X以某种方式使Y状态发生变化，如中动句 The car drives smoothly 表示这种汽车的特性能让人开起来很畅快。

5.2.1.1 中动事件程式与隐含施事

中动结构的任何研究路径都要解释隐含施事问题。生成语法领域中，Williams (1981)，Keyser 和 Roeper (1984) 提出了压制(suppression)路径，像被动化一样，论元被压制，即论元变成附加语，但仍然起句法作用。再如 Roberts (1987) 否定中动结构有受压制的论元，提出失业(chômeur)路径，认为论元在句法上从中心功能降格(denoted)到边缘功能。Fagan (1988) 属于饱和(saturation)路径，提出外论元为任指，任指论元为饱和论元，并不投射到句法。Chung (2000) 提出删除(deletion)路径，及物动词的主语论元在中动构成中删除。Chung (2001) 又提出及物动词的主语论元被解职(discharged)，也就是 Roberts (1987) 所说的失业，没有句法作用，但影响语义解释。

生成语法的以上观点基于句法-语义之间的一一对应关系，笔者不赞同他们的观点，隐含论元的存在具有规定性。中动结构具有丰富的概念结构(enriched conceptual structure)，施事论元存在于概念层。根据更简句法(Culicover & Jackendoff 2005)，句法层不存在隐性句法论元，句法-语义之间的不匹配现象的确存在。笔者赞同更简句法的观点，但认为语法具有较强的概括性和预测性，因此句法和语义之间的关系具有规律性，语义和句法之间的影响是双向的，句法和语义之间错配肯定存在原因。

笔者赞同认知语言学的观点(如 Croft 1991; Langacker 1991)，事件角色与语法位置相联系，事件中凸显的参与者才可句法实现，施事论元在中动结构中不重要，所以在句法中删除，受事论元因此凸显成为主语。但是不同于 Croft 的致使链，笔者所采用的施力-动态模型中力的传递是双向的，处于主语位置的事件角色可以是反施力者，担任启动者，就力的传输方面发挥作用最大，在句法上优先实现，并不是因为施力者泛指而去焦点和去凸显才升为主语。中动结构作为致使范畴中的边缘部分，反施力者强于施力者，反施力者就前景化，而施力者就背景化，称为“施力者降格”。

5.2.1.2 中动事件程式与非施事主语

在中动事件结构中，事件的主要责任参与者或事件的促发者实现为主语，决定中动结构的语序。反施力者与施力者之间是零影响关系，致使者角色能够解释中动主语论元角色的多样性。我们也要注意到，中动主语在潜在致使事件中为逻辑宾语，题元角色为受事。为了同时满足以上两个条件，中动主语必须是受事或类似于受事的论元。因此，中动主语的受事资格就扩大了，首先表现为直接论元受事、客体、经验者，其次表现为间接论元工具、材料、方式、处所等。

潜在事件中行为者施力的对象，或者是受影响的对象不仅是受事，也可以是其他直接论元，只要施力者是动作者，施力者通过力的传递，就可以从物理状态上或心理上对施力对象产生影响。如(20)a 为物理状态变化，(20)b～d 是说话人心理上认为施力对象发生的变化。

(20) a. The cake digests easily.（受事）

b. The novel reads easily.（客体）

c. Greek translates easily.（客体）

d. Children amuse easily.（经验者）

潜在事件中施力者如何影响附加语论元呢？特别是不及物动词，如何进行力的传递？工具论元主语在附加语中动结构中比较常见。根据 Langacker (1991)，行为链模型中工具处于施事和移动者(mover)之间，把能量从施事传递到移动者，因此，工具论元也就可以看作受影响者。同理，材料、方式、处所论元在力的传递过程中也起着中介的作用，也可以作为受影响者。在概念结构中，附加语论元之所以可以处于主语位置是因为功能项的组合，即将附加语论元看作组合功能项的受事，如下所示：

(21) [$_{\text{EVENT}}$ FUNCTION [$_{\text{Instrument/Place/...}}$ FUNCTION [$_{\text{THING}}$]]]→
[$_{\text{EVENT}}$ FUNCTION · FUNCTION [$_{\text{THING}}$]]

a. The pen writes smoothly.（工具论元）

a'. [$_{\text{EVENT}}$ WRITE [$_{\text{Instrument}}$ WITH [$_{\text{THING}}$ PEN]]] →
[$_{\text{EVENT}}$ WRITE · WITH [$_{\text{THING}}$ PEN]]

b. The wood carves toys easily.（材料论元）

b'. [$_{\text{EVENT}}$ CARVE TOYS [$_{\text{Material}}$ WITH [$_{\text{THING}}$ WOOD]]] →
[$_{\text{EVENT}}$ CARVE TOYS · WITH [$_{\text{THING}}$ PEN]]

不及物动词在中动结构中非常少见，(22)中 dance 是研究者比较认可的中动动词，his music 为中动结构的方式论元主语，(22)中其他不及物动词不可出现在中动结构中。

(22) a. His music dances well.

b. * The chair sits comfortably.

c. * The bed sleeps comfortably.

d. * The track runs wonderfully.

关于中动词 dance 与其他不及物动词的区别在于 dance 的动作性较强，在中动结构中能够把力传递给 the music，不及物动词及物化。

5.2.1.3 中动事件程式与中动词的选择限制

中动词的选择限制讨论最多的是影响限制，影响限制不断地进行修改和完善。Roberts (1987)认为只有受影响的宾语才可提升为中动主语，Fellbaum 和 Zribi-Hertz (1989)提出所谓动词论元受影响是指论元的内在品质被动词动作或过程修改。但是影响限制有反例，不受影响的论元也可以是中动主语，即中动主语为动词的客体而不是受事，如(23)a、b 所示。同时，笔者发现影响动词也未必都是中动词，如(23)c、d 所示。

(23) a. This book reads easily.

b. Small packages ship easily.

c. * These books put easily on the shelf. (Yoshimura & Taylor 2004: 297)

d. * Kidnappers do not murder easily. (Yoshimura & Taylor 2004: 297)

Ackema 和 Schoorlemmer (1994)修正了影响条件,认为只要动词有动作者,谓词有动作层,逻辑宾语论元就受影响,因此就解释了(23)中的例子。

Tenny (1987: 79)对影响条件进一步修正,认为当且仅当动词描写由直接论元界定的事件就可以是影响动词。Tenny 的影响条件能够解释 read, translate, perform, ship 等带有客体的中动词,但是无法解释即使有界动词也不都可以参与中动构成,如(24):

(24) a. * The rocks destroy easily.

b. * The children spoil easily.

Rapoport (1993)认为中动词不是影响动词(affecting verb),而是变化动词(changing verb)。所谓变化动词是指能够使其宾语实体改变状态的动词,break, cook, open 是变化动词,save, phone, check 不是变化动词。按照 Rapoport 的观点,关于状态变化有语言学变化和世界知识变化的区别,语言学上动词 read 是变化动词,动词 kick 不是变化动词,有悖于我们的世界知识。这种语言学知识和世界知识的解释具有规定性,我们不能出现例外情况就归结为语言知识或世界知识。另外,我们也很难区别这两种知识。

鉴于影响限制的局限性,许多语言学家认为这不是一个中动构成的严格的规则,而是一个"描写性概括"(Ackema & Schoorlemmer 1994: 74)。语言学家又提出中动词的体貌限制,Roberts (1987: 190ff)认为只有完成动词才可适于中动构成,因为只有完成动词才可展示内客体论元。Fagan (1992)与 Roberts 的观点不同，认为活动动词和完成动词都适于中动构成，因为有时两类动词之间的区别是模糊的。

Zwart（1997，1998）批评了 Fagan 的观点，认为她的概括存在两个瑕疵：一是认为动词的体貌特征是内在的而不是组合性的，二是没有考虑中动结构本身的体貌特征。Zwart 声称不管中动词对应的动词是活动动词还是完成动词，中动结构中的中动词总是活动动词。完成动词之所以适于中动构成是因为完成动词能够减去动作的终点而变成活动动词，达成动词和状态动词不适于中动构成是因为它们不会变成活动动词。

笔者认为，虽然影响关系限制存在问题，但不应该放弃对该观点的进一步修正，影响关系限制仍然发挥重要作用。正如中动事件程式所示，潜在事件 X 和 Y 之间是一种影响关系，只是这种影响关系更加宽泛，需要进一步界定。受影响的逻辑宾语不仅是界定事件的直接宾语，也可以是间接论元，只要其介词可以并入谓词当中。受影响的论元状态变化也需要重新界定，状态变化不仅包括物理变化、内在性变化，还包括心理变化，代表着说话人的主观判断。体貌限制告知我们事件参与者的状态变化，从这个意义上来说，影响限制和体貌限制是同一个中动构成限制。

根据中动事件程式，中动主语作为反施力者必须作用于动态事件，只有作用于动态、持续事件上才可发挥反施力者的作用。中动事件必须包含由反施力者带来的状态变化效果。同时，作为致使事件，状态变化是中动构成的关键。进而，中动事件作为虚拟事件，应该是未完成事件，重在过程。Vendler（1967）指出，活动动词和完成动词都是动态和持续的，二者都包含状态变化。Dowty（1972，1979）指出，活动动词蕴含不确定的状态变化，而完成动词蕴含明确的变化。因此，活动动词和完成动词都可以参与中动构成。我们没有必要区分这两类动词，因为组合性，动词体貌类别不能被单独决定，而是随着语境变化而变化，这两类动词很难区分开来。只要动词具有动态性、持续性、变化性，就可以是中动词。状态动词和达成动词不能参与中动构成：状态动词是静态的，达成动词虽然蕴含状态变化，但变化是单一的、不能持续的，缺少中间状态，直接到了动作的终点，达成事件已经完成，不适于虚拟事件。动词的体貌分类可以解释(24)中的例子，它们是达成动词。(25)中的例子是不合格的中动结构，这是因为动词为状态动词和达成动词。

(25) a. * The answer knows easily.（状态动词）

b. * John believes easily.（状态动词）

c. * This contest wins easily.（达成动词）

d. * Greek acquires easily.（达成动词）

过去时和进行体一般不能出现在中动结构当中，因为中动事件表示泛指状态，而过去时和进行体表示事件性。但是如果隐含状态变化或中间不同的阶段，过去时和进行体也可出现在中动结构当中，甚至是将来时，如(26)所示。当然，因为容易产生解读困难，正如花园小径句一样，所以这类中动句比较少见。

(26) a. The book read well in the 1960s.

b. His new novel is selling like hot cake.

c. The book will sell well.

活动动词和完成动词可以为中动词，但是并不是所有的活动动词和完成动词都可以进入中动结构，只有说话人根据自身的体验或心理判断认为能够带来足够状态变化的动词才可以作中动动词，说话人的主观判断起着重要作用。一些传统意义上的非影响动词虽然不能带来状态的物理变化，但说话人或隐含施事能够体验到状态变化，这些动词就变成影响动词，是合格的中动动词。如在 The book reads easily 中，动词 read 就蕴含了阅读页码的状态变化。同样在 The music dances well 中，不及物动词 dance 蕴含说话人对音乐感知上的变化。一些非影响击打(impact)动词，如 kick，knock，pound，hammer 和 hit 不能参与中动构成，因为这些动词为反复达成有界构成的活动事件，事件说话人心理判断这些动词没有带来状态变化，只注重了事件的反复。当这些动词替换成隐含明显状态变化的结果短语时，动词短语就成为完成动词，变成影响动词短语，可以进入中动结构。如果中动主语变成 the ball，kick the ball 就是活动动词，重在球的移动变化，也可以进入中动结构，分别如(27)所示。活动动词如果有明显的状态变化就变成完成动词，中动结构的可接受性就更大，如(28)：

(27) a. * The door kicks easily.

b. The door kicks open easily.

c. The ball kicks easily.

(28) a. * The desk wipes easily.

b. The desk wipes clean easily.

Levin (1993)提出，破坏性动词，如 destroy, eliminate, annihilate, obliterate, ruin 等不能参与中动构成。笔者认为这些动词为达成动词是不能参与中动构成的原因，虽然达成动词能够使逻辑宾语状态发生变化，但具有瞬时性，反施力者作用于动态、持续事件之上，如(29)：

(29) a. * These rocks destroy easily.

b. * The city ruins easily.

5.2.1.4 中动事件程式与附加语选择限制

中动结构副词的必要性也有多种解释，Roberts (1987)认为隐含论元是附加语修饰语必要的原因，而 Condoravdi (1989)认为附加语选择与隐含论元无关。Zwart (1997)认为附加语是动词的补语。徐盛桓(2002)认为在中动句的受事主语句法框架内，状语同谓语动词之间语义数量特征的不相容性销蚀了动词的动作性，使句子弱化为对状态的表述，而状语作为量性成分又使谓语动词有界化，从而保证了结构的语法性。

笔者不赞同以上观点，因为并不是所有中动结构都需要附加语。根据中动事件程式，笔者认为附加语可以帮助实现谓词的让予功能，附加语是对潜在事件的修饰成分，有助于动词更加清楚地展示潜在事件的变化,有助于主语更可能作为反施力者。

反施力作用很好地解释了典型附加语为评价类附加语的原因,如速度(fast, quickly)、价值(well)和难易度(easily)等,这些附加语突出了中动主语的属性,从而也解释了为什么不能出现表示隐含主语意愿的副词,如 diligently, carefully, expertly, deliberately 等,附加语不应该修饰去背景化的成分。

除用以上评价类附加语来凸显中动主语的属性外,还有比较类附加语和描写、结果形容词,它们都能对中动主语的属性进行细化描写,如(30):

(30) a. His new novel sells like hot cake.

b. This kind of bread cuts **tender.**

c. Concentrated washing powders wash **whiter.**

5.2.2 英语中动结构的物性结构制约

中动事件程式很好地解释了中动结构的各种特征,但是基于动词特性的中动事件还存在一些问题。第一,为什么同类动词在不同中动句中接受程度不同?第二,中动主语受责任条件限制,要凸显属性特征,但是什么属性才能担负起中动结构的责任呢?笔者认为中动结构的生成不仅基于动词,主语名词也起着重要作用。根据物性结构理论,成分之间要具有共组性,这就要求成分之间要语义融合。物性结构发挥对体貌限制例外情况的解释起着补充作用。

第一,根据中动结构的事件程式,活动动词和完成动词可以参与中动构成,但并不是所有活动动词和完成动词都能胜任。活动动词能否带来主语的变化与主语实体特征有关系,如前面讨论的撞击类动词(如 kick, hit, knock)不能参与中动构成,因为听话人心理上不能感知主语状态的变化,撞击类动词必须变成结果短语或改变主语。这种心理感知解释有一定的主观性和直觉性,物性结构能够解释得更客观。中动主语在中动事件中发挥责任者的作用,中动事件凸显主语实体的属性特征。实体的四个物性角色应该凸显其中一个，如 the door 的物性角色，无论是功能角色、构成角色、形式角色还是施事角色都无法与动作“踢(kick)”共组，也就是说 the door 没有“可踢性”（kickability）这个属性，the door 没有难易踢开的功能或品质。如果动词变成踢开(kick open)，就会与 the door 的构成角色如材料、组成部分相融合，the door 可以踢开。如果把 the door 改换成 the ball，the ball 的功能属性就可以与动作“踢”相融合，即 the ball 具有“可踢性”。类似的例子又如：

(31) a. * The car hits easily.

b. * The door knocks easily.

再如移动类动词，虽然主语状态发生位置移动变化，但不同动词接受程度不同。

(32) a. * This package sends with difficulties.

b. Small packages ship easily.

Send 和 ship 虽然都是致使移动动词，但是 send 是 ship 的上义词，ship 是一种特殊的 send。package 没有物性角色凸显与 send 匹配，但是有构成角色或形式角色，如 package 的重量、材料、大小等特指适合于轮船运输，具有“可使用轮船运输性”。

第二，主语实体的变化影响相同动词中动结构的接受程度。同一动词带有一个主语中动构成是成功的，而带有另外一个动词中动构成就受阻。

(33) a. * These children teach easily. (Hoekstra & Roberts 1993: 202)

b. These ideas teach easily.

(33)中 idea 物性角色容易激活，例如思想具有浅显易懂、有趣、有用等属性，具有可教性。Children 的形式角色一般被认为含有淘气、不听话等内在特征，使得孩子们比较难于教，很难想象孩子们容易教的语境，所以如果将(33)a 的副词改为 with great difficulty，接受程度就会得到提高。另外，如果我们对比老人与孩子，句子的接受程度也会提高，孩子比老人接受新东西快，孩子被临时赋予了容易教的属性，如(34)：

(34) a. These children teach with great difficulty.

b. Children teach much more easily than old men.

再如(35)所示，同样动词和主语的中动结构是不是符合语法有时依赖于状语的选择，状语能够创造激活临时物性角色的能力，激活了 baby(孩子)有关构成或形式物性角色，临时赋予了 baby "可洗性"(washability)。

(35) a. * The baby will wash easily.

b. A baby washes more easily than an armadillo.

第三，主语实体的变化影响同类动词中动结构的接受程度。有些成对动词在中动构成中表现不一样，一个表现完美，而另一个被排除，如(36)中的 buy 和 sell，(37)中的 encourage 和 discourage：

(36) a. This book sells well.

b. * This book buys well.

(Yoshimura & Taylor 2004: 298)

(37) a. These people discourage easily, and can become despondent.

b. * Mary encourages easily.

(Yoshimura & Taylor 2004: 298)

buy(买)和 sell(卖)处于商业交易框架中，作为商品的 book 应为成功出售负责，它需要具备一些吸引读者的特点，如内容、风格、排版等构成和功能物性特征。它没有必要对读者的购买负责，因为成功购买是施事负责的，所以 book 只与动词 sell 之间存在语义融合。要想 book 与动词 buy 之间也可以融合，必须营造一个激活 book 有关物性特征的语境，如通过改变状语，The book buys **cheaply/conveniently**，the book 的临时特征，如数量多、到处有售等就被激活了。

心理动词 encourage(鼓励)和 discourage(挫伤)不对称表现也

与主语的物性特征有关。鼓励一个人是从外部做起的，容易受鼓励的不是人内在特性，挫伤一个人从内部做起，使人容易沮丧的心理性情是人的固有特性。积极的心理动词，如 delight（使高兴），brighten（使快乐），comfort（安慰）和消极的心理动词，如 frustrate（挫败），shock（使震惊），panics（使恐慌），astonish（使惊讶）在中动构成中成不对称分布，如(38)：

(38) a. John frustrates easily.

b. *John delights easily.

第四，Fellbaum (1986：17)指出，创造动词不能出现在中动结构中，因为创造动词不蕴含状态变化，违反了影响条件限制。例如(39)中的句子形成对照，同一个动词因主语不同而属于不同的类型，前者不是创造类动词，后者是创造类动词，是 sonata（奏鸣曲）弹奏创造的结果。类似句子如(40)：

(39) a. This piano plays easily. (Fellbaum 1986：13)

b. *This sonata plays easily. (Fellbaum 1986：13)

(40) a. *The novel writes easily.

b. *The picture draws easily.

笔者认为，以上创造类动词中动结构不可接受与中动主语的物性结构有关，并不是动词决定的，因为创造类动词处于(41)中可以接受。

(41) a. This kind of novel writes easily.

b. Houses build easily.

c. This kind of oil painting paints easily.

d. That kind of sweater knits easily.

创造动词是否能参与中动构成取决于中动主语的相关物性特征能否激活。(39)中的 sonata，(40)中的 the novel 和 the picture 都是未完成的作品，因此不具备内在品质（如构成角色）与谓语在概念意义上融合；(41)中的中动主语都是类属名词短语，在心理上已经存在，因此具备内在品质为中动事件负责。

第五，根据中动事件程式，中动词受体貌限制，只有活动动词和完成动词才有可能参与中动构成，并且动词应该是表示意愿的动词。感知动词和理解类动词为达成动词且为非意愿动词时，不能出现在中动结构当中，如(42)所示。但是一些研究人员发现达成非意愿动词也可以出现在可接受中动结构或边缘性中动结构当中，如(43)所示。

(42) a. *The summit sees easily.

b. *The dirtiness of the street notices easily.

c. *Beggars sympathize easily.

d. *His mathematical papers explain (understand, grasp, learn, comprehend, question, doubt, refute, disprove, believe) easily. (Fellbaum 1986: 15)

(43) a. [of a portable mini disc] "Two-line display liquid crystal Nabis remote control 1" which sees easily and is comprehensible... (Google)

(Davidse & Olivier 2008: 184)

b. [of a transportable music system] When I fly it sees easily and can get sprung around. (Google)

(Davidse & Olivier 2008: 184)

c. ? French acquires more rapidly than Esperanto when children are under six.

(Rosta 1995: 134)

从以上例子看，中动词似乎没有限制，正如 Rosta (1995) 声称，所有动词都是潜在的中动词，"只要有足够的想象天赋，就可以为任何中动结构找到可能的语境"(Rosta 1995: 130)。笔者承认语境在中动结构可接受性方面起到的作用，因为语境能够激活中动主语临时的物性角色，使得主语起到责任者的作用，但是笔者不接受中动词不受任何限制的假设，毕竟(43)中的句子出现率极低，都是边缘性句子，可以理解，但很少去说。边缘性中动结构的出现只是因为人们倾向于接受不合语法的句子并尝试赋予它们意义，特别是已经形成构式的句子。在认知上，人们能够容忍一定程度的非正常事物。

一些动词无论如何也无法找到激活主语责任属性的语境，正如 Yoshimura 和 Taylor (2004)指出，murder 不适于出现在中动结构当中，动作的责任很难从施事转移到受事。从物性结构上看，没有物性角色或固有属性能够在中动结构中激活。因此，Kidnappers murder with difficulty 在英语中不可能存在。

概括来说，中动构成中主语名词的物性结构与谓语之间应该融合，也就是说主语名词和谓词之间具有融合的共组关系。为了生成合格的中动结构，主语名词的相关物性角色必须通过谓词或语境前景化。尽管人们共享认知，例如根据关联理论，我们首先激活最为凸显的物性特征，然而由于不同的世界知识和文化，对特定事物有不同的认识，对于同一个实体，不同的人激发不同的物性角色，因此不同的人对中动结构语法性有不同的判断。另外，名词的物性结构不是固定的，可以根据语境不同而不同。如果语境激活新的意义，即物性角色对语境敏感，句子就变得可以接受，尽管听者需要更多的努力。

5.2.3 英语中动结构的信息结构制约

以上的讨论结合了事件结构和物性结构，对中动构成作了较为充分的解释，但是并不完美，还有几个问题亟待解决。首先，如果附加语使非施事主语更适于反施力者，那么如何解释其他幅度、方位、时间等不具备评价的附加语以及无附加语的中动结构呢？其次，施事去焦点化，在概念结构上是显性的，在句法结构上是隐性的，除了认知凸显理论外，我们没有进一步探讨去焦点化的机制。笔者认为语用理论能够解决以上问题，这需要进一步完善中动构成的理论框架。

5.2.3.1 新闻价值性

许多语言学家已经注意到中动结构中语用因素的重要性，

Fellbaum 和 Zribi-Hertz (1989)指出，中动结构的修饰语是语用需求，而不是句法需求。Steinbach (2002)也认为中动副词修饰语是由语用允准条件派生的而不是句法允准的，任何言语必须通过语用允准具有信息性。

新闻价值性(newsworthiness)是指新闻具有报道价值，事件与公众或特别群体具有相关性，值得报刊进行报道。Rosta (1995: 132)把新闻价值性这个概念用在了中动结构分析当中，指出没有附加语的中动结构新闻价值性越高，就越不会显得古怪。Masuko (1999: 114-115)指出中动主语的特征如果没有附加语或情态动词等就不值得提及。总之，中动结构必须具有足够的信息性，这与 Grice (1975)量的准则或 Horn (1984)的关联原则相一致。

新闻价值性能够解释以下四个例子为什么不可接受，因为它们没有描写足够信息量。

(44) a. * The car drives.

b. * This shirt washes.

c. * The pencil writes.

d. * These oranges peel.

以上句子一般都判断为不合格中动结构，除非激活特殊的语境，因为它们不包含任何新信息，我们一点都不奇怪车是开的，衣服是洗的，铅笔是写的，橘子是剥皮的。为了使这些句子具有信息性，附加语是必需的，附加语既可以是评价性的，也可以是描写性的。当附加语缺失时，就必须有附加语的替代方法来达到信息性，如否定、强调、情态词、语境等。

(45) a. The car drives easily.

b. This dress buttons at back.

c. This shirt does not wash.

d. Bureaucrats BRIBE.

e. The floor might wax.

f. The dress zips up.

Lambrecht (1994)指出，合格的句子必须有焦点，新信息就是句子焦点所在。Wee (2006: 607)提出句子的语义合格条件：核心域不能是空的。附加语是满足焦点需求的方法之一，如(45)a、b。Fellbaum (1986)注意到否定也能提供非已知信息，如(45)c，而强调动词用来表明出乎意外，如(45)d。同理，情态助动词也是新信息所在，如(45)e。至于(45)f，该中动结构看起来没有提供任何新信息，因为衬衫是可以拉上拉链的。笔者认为，句子的可接受性来自于它所促发的对比，这件衬衫不是用扣子而是使用拉链，语境使得句子具有了足够的信息性。总之，当句子提供的信息超出了我们的期望，该句子就可以接受。

但是新闻价值性并不总决定于附加语，有附加语的中动结构也可能不能接受，如(46)：

(46) a. ! Bean curd eats easily.

b. Bean curd digests easily.

(Rosta 1995: 130)

Rosta (1995)认为(46)b 比(46)a 接受程度高，原因在于 bean curd(豆腐)更有可能成为 digest(消化)的反施力者，而不是 eat(吃)的反施力者，消化者对事件的控制少于食用者。Lakoff (1977: 248)采取相似的观点，认为(46)a 不合语法是因为动词 eat 是集中于施事的动词，即动词把责任性归结为施事。Rosta 和 Lakoff 都认为 eat 不适合作中动词，因为该动词需要一个施事主语。

Rosta 和 Lakoff 的观点受到来自 van Oosten 的挑战，van Oosten (1986: 98)认为动词 eat 也是一个合格的中动词，如(47)：

(47) Keep these pills away from the baby. They're powerful, but they eat like they were candy.

笔者认为活动动词 eat 是合格的中动动词，我们能感知受事主语的状态变化，之所以(46)a 接受性不强在于该句提供的信息量不足。豆腐吃起来容易是常识，我们更想知道豆腐的其他特性，

Bean curd eats well/Bean curd eats like soup 接受性就要强很多。类似的动词如 drink。

(48) a. ! Water drinks easily.

b. The wine drinks well.

从以上的讨论可以看出，附加语或否定、情态动词等其他手段都是为了增加中动结构的信息性，但是否具备新闻价值性还是看整个结构的意义。信息性语用允准条件是所有合适表达方式必须遵守的普遍原则。从这个意义上来说，中动结构并不是特例，而是受一般会话规则约束的正常句子。附加语在很多其他结构中是可选择的，因为不需要附加语就可以有句子焦点，而中动结构必须依赖附加语或其他手段才可以产生焦点。

5.2.3.2 焦点唯一性

中动结构的事件程式表明施事论元是去焦点论元，去焦点论元在句法上没有必要实现，因为该论元在句子中不重要或可以在语境中复原。根据 Zipf(1949)的最小努力原则，既然听话人能推理出施事所指，说话人就没有必要说出施事。

中动隐含施事不是焦点，因为焦点位置已经被其他成分占领，附加语或否定、强调、情态动词等是中动结构的焦点所在。Heyvaert 和 Davidse (2002)与 Davidse 和 Olivier (2008)根据焦点不同把中动结构分为以下种类。

(49) a. Browning's plays **won't** act. (面向过程)

b. The window opens **easily.** (面向促进)

c. This car handles **superbly.** (方式)

d. Outer flap wraps around little **hands.** (面向位置)

e. Outer flap secures with **Velcro.** (面向方法)

f. She does not photograph **well.** (面向结果)

中动结构的信息焦点不仅能够解释隐含施事，而且还可以解释为什么带有双宾语的双及物动词不能出现在中动结构当中，如(50)和(51)：

(50) a. Long stories don't tell easily.

b. * Long stories don't tell easily to children.

(51) a. Big presents don't ship easily.

b. * Big presents don't ship friends easily.

关于以上目标论元不能出现在中动结构中，语言学界对此的解释有不同的观点。Hoekstra 和 Roberts (1993)认为双及物动词不能参与中动构成的原因在于它们不是受影响动词，但是无法解释为何(50)a 和(51)a 中双及物动词也可参与中动构成。Fagan (1992: 80)认为双及物动词都能参与中动构成是因为在决定焦点时的冲突。Fagan 认为中动主语是焦点，而目标论元的出现转移了听话人的注意力而成为焦点，目标论元作为焦点与中动描写主语的特性相矛盾。

笔者赞同 Fagan 句子之中焦点冲突造成不可接受性，一个句子中不能存在两个焦点。但笔者不认为中动主语为句子焦点，主语是话题，是旧信息。Dixon (1982)就认为中动结构类似话题结构;Jaeger (2001)认为状态谓词的主语是句子话题。目标宾语是焦点，它与附加语焦点使听话人发生注意力冲突，所以这类中动结构不可接受。

然而，如何解释中动结构中主语为间接论元，同时动词带直接宾语？这样的中动结构会有焦点冲突吗？如(52)：

(52) a. New brooms sweep the floor cleaner.

b. The wood carves the toy easily.

以上例子当中直接论元宾语并不是句子焦点，因为这些宾语可以省略，从语境或世界知识中得到预测并复原，如(53)：

(53) a. New brooms sweep cleaner.

b. The wood carves easily.

总结以上的论述，中动结构的生成受句法-语义-语用界面条件限制，句法-语义-语用界面处于概念结构这个框架之下。合格的中动结构必须同时满足事件结构、物性结构和信息结构制约，其中事件结构最为概括，基于人类对世界活动的概念化，决定主语和谓语的排列，物性结构和信息结构是对事件结构的进一步修饰。

5.3 相关英语去及物化结构的生成

Givón(2001)指出在典型及物事件中，施事为显著的致使，具有意愿性、控制性、主动性、启动性，为整个事件负责；受事改变状态，为显著效果，动词具有紧凑、完整、真实和认知凸显性。相应地，去及物结构从三个语义方面削弱了及物性：施事的施事性降低、受事的受影响性降低、动词的终结性或完成性降低。与中动结构相似的去及物化结构有多种，我们在句法-语义-语用理论框架下只探讨其中四种比较相似的结构，以期对动词的去及物性有统一的解释。

5.3.1 被动结构

与中动结构相比，主动结构属于典型的力的传递，主动事件程式代表着典型的致使力传递事件，不同于中动结构的非事件状态性。主动结构的事件程式如下：

(54)

$$\left(\begin{array}{l}\quad \text{CAUSE }([X],[\text{INCH }([_{\text{STATE}}\text{ BE }([Y],[\text{AT}([Z])])])])\\ _{\text{EVENT}}\text{ AFF }([X],[Y])\end{array}\right)$$

被动结构的句法实现不同于主动结构，是从主动句派生而来，表示受事受力而变成状态的过程，如(55)所示。

(55) $$\left(\begin{array}{l}\quad \text{BE }([Y],[\text{AT}([Z])])\\ _{\text{STATE}}\text{ AFF }([X],[Y])\end{array}\right)$$

被动句句法-语义不匹配现象在于力的传递过程中，凸显的是受事，施事背景化。正如 Croft (1993)的事件理想化认知模式对语态的分析，任何事件都可以描写为致使事件，被动句从受影响的角度描写致使事件。不同于中动结构没有中动标记，被动结构有被动标记，受事凸显，在句法上实现为主语。中动结构的非施事主语和被动结构的受事主语都为反施力者，但前者作为反施力者显著实现为主语，具有施事的某些施事特征，如使事件发生、具有事件控制性等，因此具有主动语态的特征；后者作为反施力者在力的传递中一直是受事，只是在力的传递中凸显实现为主语，施事中性化和背景化。

受影响性是被动结构成立的语义关键，也有人认为受影响性是被动句成立的前提，有人指出该限制条件也有例外情况，如以下句子的主语并不能受动词影响。

(56) a. The house is surrounded by tall elms.

b. The wall was abutted by a large shed.

c. The garden is adjoined by a graveyard.

(Kuno & Takami 2004: 166)

但笔者认为，受影响性并不意味着状态的变化，中动结构修订的受影响性条件同样适用于被动结构，只要听话人能够从心理上感知受到影响，被动结构就可成立。被动结构强调受力后的状态，只要是及物动词都可以出现在被动结构当中，并不要求动作的持续性，所以四类动词都可以出现在被动句中。从这个意义上讲，被动构成中及物性更重要，只要是及物事件就可以构成被动结构。达成动词不能出现在中动结构当中，但在被动句中完全没有问题，比起活动动词和完成动词，达成动词的接受性更好，因为达成动词含有明显的结果，如(57)。有些状态动词也可以出现在被动结构当中，这时的被动词更像一个形容词，整个事件状态性更强，如(58)：

(57) a. The city was ruined completely.

b. The contest was won by him.

(58) a. Mary is loved by John.

b. The house is owned by us.

被动句的施事在句法上可以实现，但经常被省略，这可以从语用上得到解释，因为我们经常省略非焦点成分或语境中可以恢复的成分。如同中动结构一样，被动结构也遵守语用原则——新闻价值性。被动结构中的有些附加语也是必要成分，Goldberg (2006)把这样的附加语称为“语篇条件下的必要附加语”(discourse-conditioned obligatory adjunct)，如(59)：

(59) a. #The house was built.

b. The house was built last year.

(59)中第一句读起来接受程度不高，因为在一般语境下，the house 是预设信息，已经存在，所以这个句子没有新信息出现。相对来说，第二句就没有问题，last year 是句子焦点。正如中动结构一样，要想使被动结构可接受性强，要采取附加语或其他强调、情态、时态等手段，如(60)a～d；或者采用创造性动词，以产生非同一般的信息性，如(60)e、f：

(60) a. The house will be built.

b. The house has been built.

c. The house WAS built.

d. The HOUSE was built.

e. This cake was microwaved.

f. These diamonds were synthesized.

5.3.2 作格结构

作格结构的去及物化相对于致使结构，也称为“反致使结构”。致使结构与作格结构构成致使交替(causative alternation)，致使交替又称为“致使-起动交替”(causative-inchoative alternation)、“效果-非效果交替”(effective-noneffecitve alternation)、逆致使交替(anticausative alternation)等。去致使动词以致使动词为基础，从词汇概念表征删除使因(CAUSE)谓项，如 melt, freeze, brighten, open, close, burst, shatter, explode 等。及物结构 The wind broke the glass 到作格结构 The glass broke 的去及物化规则如下：致使 [(x) CAUSE [BECOME BROKEN (y)]] → 反致使 [BECOME BROKEN (y)]。作格结构的事件结构如下：

$$(61)\quad \left[\begin{array}{l} \qquad \text{INCH}\ ([_{\text{STATE}}\ \text{BE}\ ([\text{Y}],\ [\text{AT}([\text{Z}])])]) \\ _{\text{EVENT}}\ \text{AFF}\ (\quad ,\ [\text{Y}]) \end{array}\right]$$

作格结构的去及物动词为起始动词，作格事件强调动作的变化过程，动词的使役义隐去，“变成”或“成为”义凸显，动作状态发生变化。尽管从力的传递角度看事件的变化离不了施力者，根据世界知识，这些动词描写的事件如果没有外力就不会发生，但是施力者在句法上并不出现。这是因为事件强调使因链上起始变化这一部分，外因背景化，主语论元起着发起者的作用。作格结构的施力者与中动结构和被动结构都不同，中动结构的施力者隐含，被动结构的施力者省略，而作格结构的施力者隐含施事不存在。

施力者的地位由主语的施事性强度决定。中动结构的非施事主语作为反施力者能对事件进行一定程度的控制，因此中动结构同时具备主动语态和被动语态两种特征。相比较而言，作格结构的受事主语对事件控制力更强，受事主语受事性减弱，同时增加了施事性，具有运动性和独立性，事件为自发行为和非意愿行为，没有被动的意义。作格结构可以跟 all by itself 表示自发，而中动结构不允许该附加语出现，如 The window broke all by itself。主语施事性越强，就越排除施事论元的句法实现，这就解释了施事在被动结构、中动结构和作格结构中的不同。被动结构主语施事性最弱，所以施事能够句法实现；中动结构主语施事性较强，施事不能句法实现，只能隐含；作格结构的主语施事性最强，施事不存在。

Jespersen(1924)将能够进行致使交替的动词称为“移动变化动词”(move and change verb)，如 break, close, cool, dry, freeze, melt, open 等。此外，还有少数交替动词属于非施事性移动方式动词(non-agentive verb of manner of motion)，表示方位的变化，如 bounce, move, roll, rotate, spin 等。以上动词都属于状态变化动词，只有状态变化动词才可以成为致使交替动词，这就解释了 break 和 hit 的区别，后者之所以没有相应的不及物形式是因为不蕴含变化，不可以是作格动词。作格动词为完成动词或达成动词，及物动词时为完成类，去及物动词时为达成类。因此，从动词类型上看，作格结构不同于中动结构，强调动作的终结性（telic），而不是过程，中动活动动词不能出现在作格结构中，作格的主语一定是受事，如(62)：

(62) a. * The books sell.

b. * The car drives.

作格结构具有一定的自发性和变化性，可以跟 all by itself，尽管根据世界知识，还需要外力作为原动力。因此，有些完成动词或达成动词没有自发性也不能出现在作格结构当中。如(63)，(63)a～c 是合格的作格动词，而(63)d、e 为达成动词，但不具备自发性，不能用在作格结构当中。

(63) a. The ball rolled down the hill (all by itself).

b. The sky darkened (all by itself).

c. The mountain collapsed into flat (all by itself).

d. * The house built last year.

e. * The floor waxed.

作格动词表示状态的变化，也可以解释为什么创造类动词不能进入作格结构，(64)a 中 potato 已经存在，可以发生状态变化，而(64)b 中 cake 只是从无到有的变化，二者与动词 bake 的搭配表现不同。也可以说一个动词能否作合格的作格动词与主语的性质密切相关，如(65)中的 clear，主语要有可变性和一定的自发性。

(64) a. The potato baked.

b. * The cake baked.

(65) a. The waiter cleared the table.

a'. * The table cleared.

b. The wind cleared the sky.

b'. The sky cleared.

不同于中动主语的类指性，作格结构的受事主语一般特指，以定指的单数名词作主语。中动结构用来描述常规和普遍性，而作格结构用来描述一次特定的行为动作。牛保义(2005)指出,作格主语作为唯一的话语参加者可以直接入句,获得谈话话题的功能。因此,作为话题当然要具有特指性,而非泛指性。中动结构和作格结构的差异在于,中动结构表达虚拟事件,不能与特定时间和特定事件相联系,而作格结构表达特定事件,主语不能泛指,如(66):

(66) a. * The bureaucrat bribed easily at exactly 5pm yesterday.

b. The door of the temple opened at exactly 5pm yesterday.

c. Bureaucrats bribe easily.

d. * Windows break.

e. * I saw bureaucrats bribe easily.

f. I saw the door open.

5.3.3 非作格结构

非作格动词不是去及物动词,因为它本身就是不及物动词,在这里讨论它是因为有研究人员把中动动词处理成非作格动词。非作格结构中只有一个论元,唯一主语论元具有施事性,表达的事件不具备有界性,如(67)a、b。但也有一些非作格结构表达非典型施事性无界事件,如(67)c、d。

(67) a. Mary laughed loudly.

b. Mary slept well yesterday.

c. The sun shines today.

d. The phone rang suddenly.

非作格结构的主语是能量的发出者,尽管非典型施事论元主语介于施事和客体之间,非作格事件结构如下:

(68) $$\begin{bmatrix} \text{ACT}([\text{X}]) \\ {}_{\text{EVENT}}\ \text{AFF}\ ([\text{X}],\quad) \end{bmatrix}$$

因为非作格结构的施事性、意愿性特征,有些非作格动词后面可以带宾语,非作格主语把能量传递给所带宾语,如(69):

(69) a. Susan swam the channel.

b. The horse jumped the fence.

c. The woman cried a bitter cry.

d. He sneezed the foam off the cappuccino.

e. He sneezed his way to hospital.

与中动结构、作格结构和被动结构比较起来，典型非作格结构最具有事件的控制性，但还没有达到控制受事的程度，因此只有一个论元，实现为主语。

5.3.4 被中动结构

被中动结构是指主动进行体表示被动意义，这种句子在现代英语早期，特别是18世纪晚期最为普遍，19世纪渐渐被进行体的被动句代替，但这种用法现在还保存了一些，尤其是在口语当中。此类句子着眼点在于说明事物正处于某种（持续性的）状态之中，所以动作的发出者或执行者就被忽略了，如(70)：

(70) a. The sausages are frying.

b. The stamps are printing.

c. The house is building.

d. The dinner is cooking.

The house is building 相当于 The house is on/in/at building 或 The house is being built。被中动结构动词表现如同作格动词，因为这类句子后面可以跟 itself，如 The house is building itself，表示自发行为事件。同时，该类句子也和中动结构有相似的地方，有隐含施事。被中动必须为进行体，因为进行体能够表现动词状态的维持，而进行体又表示动作的进行。因此，被中动同时具备状态和事件的两种特征，介于中动和作格之间。

被中动只能接受少量的去及物动词，状态动词和达成动词不能参与被中动构成，因为这些动词不能表示状态的维持。被中动词表示状态的维持，但同时状态也是变化的，会有事件的终点，因此具有渐生题旨(incremental theme)特征的完成动词是可能合格的动词。其中，创造类完成动词最为常见，如 prepare，examine，translate 等。

5.4 结语

本章首先讨论了中动结构生成所受的制约条件，然后又讨论了相关去及物化结构的特征，可以看出，作为及物结构的派生结构，去及物化结构必须满足一定的条件才可接受。笔者赞同刘晓林、曾成明(2011)的观点，用语义自足化来衡量词类独立表义的强弱。根据语义自足观点，不及物动词的语义自足高于及物动词，因为及物事件必须依赖动作的对象构成完整事件，所以及物动词必须有宾语，而不及物事件动词独立构成事件。语义自足低的及物动词如何变成语义自足高的不及物动词呢？根据上文的讨论，去及物化达到语义自足的条件可以概括为以下几个方面：

第一，及物动词的形容词状态化，如被动结构和被中动结构，过去分词和现在分词都可以理解为形容词。刘晓林、王文斌(2009)指出，形容词比不及物动词独立表义能力更强，因为性质形容词指代一种恒定的性质，不受时空影响。

第二，及物动词的自发化，如作格结构，结构中唯一论元充当动作的发起者。动词能形成一个概念自主结构，表达的事件过程能够相对独立地发生，客体自身能引发该过程，诱因不一定非得是施事，可以是自然力的作用，也可以是外力的作用，外力中还可以是各种各样工具作用的结果。这种无定使得认知的重心可以不放在施动者身上，因而保证了启动不及物结构的合理性。

第三，受事或非施事论元作主语，施事论元省略、隐含或只存在世界知识当中，除了被动标记的被动结构，其他去及物化结构的主语都具有施事性的趋势，但施事性程度不同，在力的传递方面的主导性不同。

第四，去及物动词必须满足状态的保持或变化的要求，状语中添加增强去及物化的信息性，从而增加去及物化结构的可接受性。

在满足语义自足去及物化条件的时候，不同的去及物化结构表现不同，满足的条件越多，去及物化结构接受性越强。中动及其相关去及物化结构的特征总结如表 5-1 所示。

表 5-1 英语中动及其相关去及物化结构特征

	被动结构	中动结构	作格结构	被中动结构
状态的维持	√	√	—	√
状态的变化	—	√	√	√
动作的自发	—	—	√	—
施事性	—	√	√	√
被动性	√	√	—	√
施事省略	√	—	—	—
施事隐含	—	√	—	√
受事主语	√	√	√	√
非施事主语（受事除外）	—	√	—	—
附加语添加	（√）	√	（√）	—

总之，去及物化过程认知理据是受事主语作为反施力受到凸显，整个事件趋向于状态化，施事论元或者隐含，或者删除，在施力过程中背景化。为了使受事主语更好地发挥主施力者的作用，构式及构式的每个成分共同作用使动词状态化，使整个结构语义自足。句式的意义是由动词和构式共同决定的。

第6章

汉语中动及其相关去及物化结构

本章在综合句法-语义-语用界面理论模型下对汉语中动及其相关去及物化结构进行研究，探讨这些相似结构生成所受的句法、语义、语用因素制约。同时，从跨语言对比的角度探讨英汉中动结构及其相关去及物化结构的差异。

6.1 汉语中动结构的多样性

汉语中动结构多种多样，有对应于英语典型中动结构的“NP＋V-起来＋XP”结构，还有对应于英语非典型中动结构的“NP＋情态动词＋VP”结构和“‘得’/‘不’字”结构，分别如下：

(1) a. This car fixes easily.

b. 这辆车修理起来很容易。

c. 这本书读起来很容易。

(2) a. The floor might wax.

b. 这种地板可以打蜡。

c. 这种椅子能折叠。

(3) a. The meat doesn't cut.

b. 这种肉切不得。

c. 这面墙推得倒。

其中 NP＋V-起来＋XP 中动结构的类型最为丰富，我们有必要对这一类中动结构进行细分，只要对这类中动结构概括和解释清楚了，就基本完成了汉语中动结构的研究。在第 2 章界定汉语中动结构时，把 NP(对象)＋V-起来＋AP 界定为中动结构，其实这类中动结构要复杂得多。

首先，非施事论元多样性。与英语中动结构一样，汉语典型 NP＋V-起来＋XP 中动结构的主语为动词直接论元，非典型 NP＋V-起来＋XP 中动结构的主语为动词的间接论元，或附加语论元。我们先看一下直接论元主语，最常见的直接论元的题元角色为受事，其他题元角色为客体或一些心理动词的经验者，分别如：

(4) a. 啤酒喝起来很凉爽。(受事)

b. 这本书读起来很有意思。(客体)

c. 这个数学公式掌握起来不容易。(经验者)

d. 英语单词忘起来很容易。(经验者)

我们再看一下附加语论元主语的非典型 NP＋V-起来＋XP 中动结构，附加语论元主语的题元角色包括工具、处所、材料、方式、来源、目的等。虽然这类中动结构为非典型中动结构，但它们在汉语中并不少见，比英语中此类中动结构常见得多，其中工具、材料和处所类较为普遍，如：

(5) a. 这把刀切起肉来很顺手。

b. 食堂吃起来很方便。

c. 这种木头雕刻起来很省劲。

d. 大碗吃起来很过瘾。

e. 公款吃起来很“惬意”。(杨晓军 2008：113)

f. 研究生考起来不容易。(杨晓军 2008：113)

其次，NP＋V-起来＋XP 中动结构的动词多样性。曹宏(2003)指出，不仅“V-起来”可以出现在中动结构当中，而且“V-着”和“V-上去”也可以是中动词。因此，中动标记包括三种形式。

这些中动标记很多情况下能够互换，但根据语言经济性原则，每种形式应该有其独特的用法，本书后面将进一步探讨它们使用的规律和理据。这三类中动结构如下：

(6) a. 小说翻译起来比较难。

b. 这件衣服穿着很合体。

c. 青石路踩上去很舒服。

典型中动词为及物动词，同英语中动词一样受影响条件制约，汉语中动词为活动动词和完成动词，其中活动动词的范围比英语更加广泛。不及物动词为非典型中动词，但在汉语中也比较常见。及物和非及物中动词分别如(7)、(8)：

(7) a. 这个题目写起来容易。

b. 自行车骑起来很轻松。

c. 房子建造起来不容易。

(8) a. 这个沙发坐着舒服。

b. 席梦思床睡起来舒服。

c. 席梦思床躺上去很舒服。

再次，NP＋V-起来＋XP中动结构的XP具有多样性，XP是中动结构的必要成分。XP最常见的实现为AP，XP也可实现为PP和VP，甚至S，分别如：

(9) a. 这件洋装穿起来很苗条。(AP)

b. 这瓶酒喝起来像白开水。(PP)

c. 这篇论文读起来不知所云。(VP)

d. 这件事提起来心里发慌。(S)

与英语中动结构附加语比较起来，汉语中动结构的XP的语义类型更加丰富。一方面，英语中动结构附加语一般用表示肯定的副词，汉语中动结构没有这个要求；另一方面，XP的语义类型除典型的表示属性的速度、价值、难易度外，还有其他一些并不属于促进类、阻止类或品质类，只是对中动主语主观描述的形容词短语。属性类和描述类XP分别如(10)、(11)：

(10) a. 这支笔写起来比较流畅。
b. 什么事情都是说起来容易做起来难。
c. 这篇文章翻译起来很容易。
d. 这辆车开起来很快。

(11) a. 这首歌唱起来很婉转动听。
b. 沙发摸起来软软的。
c. 香烟抽起来又苦又涩。
d. 青石板路踏上去非常凉爽。

英语中动附加语是面向中动主语的，所以施事性副词不能进入中动结构。汉语中动结构 XP 的方向却有很大的争议，争议最大的地方是有些 XP 指向隐含施事，这就要对这种情况进一步说明，如(12)：

(12) a. 科研做起来很辛苦。
b. 沙发摸起来很舒服。
c. 笛子听起来很忧伤。
d. 这件事谈论起来很羞愧。

最后，英语中动结构的泛指性和非事件性要求中动结构使用一般现在时，如果出现了过去时和进行体，也表示相当长的一段时间内的属性表征。汉语中动结构同英语中动结构一样受时体限制，不同之处在于过去时态可以指过去短时间的特征，进行体无论如何都不可进入汉语中动结构，但完成体可以进入一些中动结构当中，如(13)：

(13) a. 这辆车昨天开起来挺顺。
b. 这个局面控制起来比较麻烦了。

6.2 汉语中动结构的生成

从以上的讨论可以看出，尽管 NP＋V-起来/上去/着＋XP 中动结构与英语中动结构最为吻合，但是英汉两种中动结构仍存在很多区别，存在许多各自的特征。本节从句法-语义-语用界面理论模型探讨汉语中动结构生成所受的限制，力求对中动结构表现出的多样化作统一的解释。

6.2.1 汉语中动结构的事件结构制约

6.2.1.1 汉语中动结构的事件结构

尽管汉语 NP＋V-起来/上去/着＋XP 是英语中动结构最为对应的汉语中动结构，但是二者之间也存在许多区别。正如前面讨论的那样，英汉语中动结构的每个成分和整体意义之间都有一些差别。讨论汉语中动事件之前，有必要明确各个成分的语法地位。在界定中动结构时，已经明确了 V-起来为中动谓语，但“-起来/上去/着”的语法地位与功能还需要进一步明确，XP 的语法地位也要明确。

关于“-起来”的语法地位与功能，语言学界有不同的观点。张慎敏(1994)认为 V-起来结构不是中动结构，而是一种双小句(bi-clausal sentence)结构，“-起来”为条件标记；王煜匀(2005b)认为是中动体标记；宋国明(1994)则认为是中动语素。我们分别看一下他们的观点是否可行。

“起来”的起源是复合词，包含“起”和“来”两个语素，当它进入 V-起来结构时，就经历了语法化的过程，从表示向上的方位词不断语法化到一个功能词。张慎敏(1994)把“起来”划分为四类：方向、起始、完成和条件，如(14)：

(14) a. 他从地上爬了起来。(方向)

b. 他看起小说来了。(起始)

c. 他把钱存起来了。(完成)

d. 玛丽穿起这件洋装来很苗条。(条件)

e. 这本书读起来很容易。(条件)

宋国明(1994)赞同(14)d“起来”的功能是从属(或条件)，但不认为(14)e 为条件标记，而是添加了“起来”的另一个功能：中动语素的泛指。王煜匀(2005b)把张慎敏的条件结构分成两类:(14)d为条件结构,(14)e为非宾格结构,“起来”是视点体标记,前者是起始视点体标记,后者是评价视点体标记。

张慎敏(1994)的条件假设存在问题,因为诸如(14)e的V-起来中动描写中动主语的特征,没有提供条件意义。张慎敏(1994)的条件功能假设的理由来自于“V-起来”能够释义为“的时候”或“的话”,如(15):

(15) a. 他念那本书的时候特别认真。

b. 这种洋装穿的话很胖。

王煜匀(2005b)认为张慎敏的观点站不住脚,因为这些句子是通过语义翻译派生的,不能作为任何结构相似的证据。王煜匀的评价视点体标记如同轻动词一样强调了事件的过程,轻动词假设合乎逻辑,但是与AP是主句谓语的观点相冲突,因为轻动词处于主句谓语内。王煜匀(2005b)的非宾格不可行,因为非宾格事件自动发生并且集中于起始状态和结果状态,这与过程视点体假设相矛盾。“这本书自己读起来很有趣”永远不可接受,动词“读”“穿”“开”等用于V-起来中动句中的动词都不是非宾格动词,都有一个隐含施事,不是自发动作。

宋国明(1994)的中动附着语假设基于V-起来结构和英语中动结构的相似之处,也就是说V-起来结构拥有英语中动结构的四个典型特征:隐含论元、受事主语、状语效应、非事件性。宋国明的观察是正确的,但是他的中动附着语假设造成了一些争论。王煜匀(2005b)就声称汉语不是曲折语言,因此“起来”不应该像德语的反身中动标记。

笔者认为尽管汉语不是曲折语言,但不可否认汉语中动标记的存在,“-起来”是动词的后缀。不同的语言采取不同的方法表现中动语态,如德语的反身中动标记。英语虽然没有专门的中动标记,但也有特征把中动区别于被动和主动。尽管“-起来”可以表达其他功能,但它是中动语态的专门标记。因此,笔者认为“-起来”

是汉语的中动语态标记。同时，由于语法化过程，它也共享其他功能的一些特征。

“-起来”的语法化是一个不断深化的过程。对“-起来”的划分有不同的观点，但多数涉及三种基本意义，即位移义、结果义和表起始的体貌义。刘月华(1983)最早明确提出这三种基本意义，把三种基本意义归结为趋向意义、结果意义和状态意义。“-起来”还有特殊的意义，如前面提到的条件意义和评价意义。语法化是距离最初的意义最远的、最难以猜测的意义。“-起来”首先从方向复合词语法化为功能标记，功能标记的语法化是一个连续体，从空间到时间，从时间到起始体，然后到条件义、评价体，最后到评价状语，评价状语此时已经石化为词汇。语法化过程如下：

(16) a. 起来（复合动词)→

b. 站起来（空间扩展)→

c. 笑起来（时间扩展)(起始体)→

d. 张三发起脾气来很可怕。(条件)→

e. 这本书读起来很不容易。(评价)→

f. 看起来，这栋房子不便宜。(评价状语)

中动标记“-起来”不仅具有评价性意义，还具有起始义，同时还具备延续性，表现在事件结构上，中动标记“-起来”凸显了动作起始和状态的持续，尽管有隐含施事，但是施事对类似受事论元的影响并不显著，类似受事论元并没有状态的变化。“V-起来”是中动结构的主谓语，XP为补语，描写主语的状态。汉语中动结构的事件结构表达如下：

(17)

$$\left(\begin{array}{l} [_{EVENT}\ \mathrm{CAUSE}\ (_{Volitional}[\ ],\ [_{Event}\ \mathrm{INCH}\ (_{State}\ \mathrm{BE}\ [Y],\ )])]) \\ _{State}\ \mathrm{AFF}\ ([\ ],\ [Y]) \end{array}\right)$$

以上事件结构表明，英汉语中动结构的事件程式在很大程度上是不同的。在主题层，英语中动隐含施事作为致使者，使得受致使者论元 Y 开始发生变化并持续状态；在动作层，隐含施事在力的传递方面充当施力者，中动主语充当反施力者。汉语中动结构逻辑主语论元的题元角色不是典型的施事，虽然在事件中有参与意愿，但不能使事件另一个参与者发生状态变化。“V-起来”表示的是一个开始并延续的动作，即有起始点没有终止点的动作，所以说具有无界性，表达的是中动事件具有非事件性。

不同于英语中动主语的责任性，汉语中动主语在中动事件中不起责任作用。中动结构的补语是对中动主语的评价，评价可以是中动主语的固有特征，也可以是隐含施事或说话人赋予中动主语的临时特征，主体在执行某项行为时，显示出中动主语某一外在的明显特征。虽然汉语和英语的中动句都涉及物体的属性和动作，但汉语中动句着眼的是属性，动作只是属性的原因，而英语的中动句着眼的是动作，属性只是动作的原因。如“摩托车开起来风驰电掣”，人们开摩托车时，认为摩托车有风驰电掣的特征，而 The car drives easily 中，the car 的属性特征让车开起来很容易。

从中动事件程式来看，汉语中动结构无论是主题层还是动作层都不同于英语中动结构。也就是说，二者在意义表达上有很大差异，英语中动结构中主语发挥主导作用，而汉语中动结构中主语更多地处于被动地位，隐含施事发挥的作用较大。汉语难易句从意义上更接近于英语中动结构，主语为事件的责任者。

6.2.1.2 汉语中动结构的事件结构解释

首先，隐含施事和非施事论元主语的动因。中动结构的事件结构介于典型及物事件和作格事件之间，同时具备及物事件和作格事件的特征，有施事但隐含，没有句法实现，也有一定程度的动作自发性。施事在句子中泛指，所以在句法上不凸显，使因链上凸显动作的起始和持续。隐含施事有时也可句法实现，此时的施事可以泛指，也可以特指，正如英语中动结构的 for 短语，如(18)：

(18) a. 这件洋装穿起来很苗条。

b. 这件洋装人们穿起来很苗条。

c. 这件洋装玛丽穿起来很苗条。

有人以此类可以句法实现的施事作为理据论证 V-起来结构为话题结构，因为隐含施事可以定指，句法上实现为 pro 或显性 NP。如果笔者赞同当隐含施事句法实现时 V-起来结构为话题结构，那么评价性 V-起来结构就是歧义句，或者是中动结构，或者是话题结构，话题结构的话题后一般要有停顿。

虽然中动事件结构中非施事论元具有受事特征，但是同时具有起始的自发特征，所以在力的传递方面起到启动者的作用。因此，非施事论元的范围比较广泛，既可以是直接受事论元，也可以是间接论元，如(19)：

(19) a. 那件衣服洗起来很容易。(受事)

b. 那把刀子用起来很顺手。(工具)

c. 上铺睡起来不方便。(处所)

d. 这种石料刻起来比较费劲。(材料)

其次，中动谓语的选择限制。中动事件具有无界性，中动事件的起始意义和持续动态意义要求中动词为活动动词和完成动词，状态动词和达成动词被排除在外，因为这两类动词不能表示过程。体貌限制如(20)：

(20) a. 车开起来很容易。(活动动词)

b. 这本书读起来颇有滋味。(完成动词)

c. * 这个答案知道起来很容易。(状态动词)

d. * 山顶到达起来不容易。(达成动词)

V-起来中动结构不同于英语中动结构，动词的潜在状态变化在中动构成中并不重要。因为汉语中动更注重过程和状态的持续，所以汉语中动词的范围要大于英语中动词。一些在英语中动中不被允许的活动动词在汉语中动结构中就可以接受，如(21)a～d，甚至达成动词也可以变成完成动词，成为合格的中动词，如(21)e：

(21) a. 法语学习起来很容易。

b. 这件工作做起来很容易。

c. 这首歌唱起来真是激动人心。

d. 甜瓜吃起来脆甜脆甜的。

e. 这场比赛赢起来容易。

为了满足潜在状态变化的要求,英语中动词往往要变成结果短语来挽救中动结构,如(22):

(22) a. * New seedlings water easily.

b. New seedlings water flat easily. (Carrier & Randall 1992: 191)

c. * Permanent press napkins iron easily.

d. Permanent press napkins iron flat easily. (Carrier & Randall 1992: 191)

但是V-起来中动在任何时候都不允许表结果的动补复合词,因为起始状态和完成状态相矛盾。另外,V-起来结构的XP已经是结果补语,有两个补语的话就多余了,如(23):

(23) a. * 塑料轮胎磨平起来很容易。

b. * 这些大楼烧毁起来很容易。

从以上讨论可以看出,只要动词与中动词缀"-起来"相融合,就可参与中动构成。活动和完成中动词与"-起来"构成派生复杂词,单音节的达成动词也可以是合格的中动词,"V-起来"整体就是一个活动动词。

除了"-起来"中动标记,"-上去"和"-着"也可出现在中动结构当中。"-上去"的语法化程度不如"-起来",中动词选择范围更窄,"上去"的意义仍然比较实在,表示"添加或合拢于某处"(吕叔湘1980: 420-421)。进入中动结构的动词应该与"上去"的附着义相融合,即动词必须具有附着义的语义特征,如"贴""踩""写""画"等。V-上去中动结构如(24):

(24) a. 沙发摸上去软软的。

b. 鹅卵石路踩上去不舒服。

c. 这个座椅坐上去宽松舒适。

“-着”的语法化程度较强，已经语法化为持续体，所以“V-着”中动更凸显动作的持续性。能用于“V-起来/上去”的动词一般都可以附着“着”，但是从意义上看，“-起来”的评价义最为显著。进入中动结构的动词应该与“着”的持续义相融合，V-着中动结构如(25)：

(25) a. 这件衣服穿着很合体。

b. 这辆自行车骑着舒适。

c. 臭豆腐闻着臭，吃着香。

根据事件程式，除了体貌限制，中动词还必须满足意愿条件，只有意愿动词才可以参与中动构成。曹宏(2003，2004a)通过对照例子，证明了中动构成的意愿条件限制，如(26)：

(26) a. 这种日子过起来很甜蜜。

b. ？这种日子捱起来太艰苦了。

c. *这件事忘记起来不容易。

d. *在出租车上，东西落起来很容易。

(曹宏 2004a：14)

“过”是意愿动词，而“捱”“忘记”和“落”是非意愿动词。关于意愿条件，也有人持怀疑态度，邓盾(2008)就认为意愿条件不是必要条件，因为非意愿动词也可以进入中动结构，曹宏指出的非意愿动词“捱”和“忘记”都可以参与中动构成，如(27)：

(27) a. 这日子捱起来也就不那么难受。

b. 法语不比英语，忘起来很快的。

笔者认为，曹宏和邓盾的观察都是正确的，但是不完整。他们的例句不能证明意愿条件是否起作用，因为一些动词既可以是意愿动词也可以是非意愿动词，特别是一些心理动词，如“忘”“理解”“掌握”“领会”等。人们能够把意愿性赋予到这些非意愿动词上，使得它们具有意愿性，可以进入中动结构。一些表示感知、理解、怀疑、情感的动词不能进入中动结构，一方面是因为非意愿性，另一方面也是因为这些动词为状态动词或达成动词，与“-起来”中动词缀语义不融合，如(28)：

(28) a. *穷人同情起来很容易。

b. *音乐欣赏起来很容易。

有一点需要特别指出，单音节词更容易成为汉语中动词，双音节词容易成为表示结果的复合词，较为常见的中动词如“开”“唱”“写”“摸”“用”。“儿童欺骗起来容易”的接受程度就不如“儿童骗起来容易”。

最后，补语 XP 的选择限制。绝大多数英语中动句中副词指向句中的动词，否定、强调等其他手段也是指向动词，而汉语“NP(对象)＋V-起来＋XP”中形容词的语义大多指向句首的 NP，但也可以是句中动词，甚至可以是隐含的施事。

(29) a. 酪干吃起来香甜可口，奶油、果仁香味并存。(指向句首 NP)

b. 这一段生活写起来得心应手。(指向动词)

c. 那匹马骑起来准很舒服。(指向隐含施事)

英汉语中动结构都涉及了物体的属性，但是英语中动句着眼的是动作，属性只是动作的原因，物体的属性是隐含的，句中没有词语直接予以表达；而汉语中动句着眼的是属性，动作只是属性的原因，物体的属性可以是凸显的，也可以是隐含的，指向 NP 的 XP 表达的是显性属性，指向动词或隐含施事的 XP 表达的是隐含属性。语义指向隐含施事的 XP 尽管指向隐含施事，但必须是非意愿性的。

(30) a. 这本书读起来很动人。

b. 这件事谈论起来很羞愧。

c. 这件事提起来心里发慌。

d. 这件衣服穿起来苗条。

(31) a. *这本书读起来很感动。

b. *这些官僚贿赂起来很小心。

c. * 这种稿子校起来很细心。

d. * 这种机器开起来很专心。

以上例子表明，(30)中的 AP 虽然也指向隐含施事，但仍然是中动主语的特征，该特征使得隐含主语有某种特征，如很动人、感觉很羞愧、心里发慌、很苗条等，AP 为非意愿形容词，XP 还可以实现为显性“使得……”，如“《黄河大合唱》是一部史诗，唱起来使人特别振奋、悲壮、激动”。(31)中的 AP 为意愿形容词，不能表达中动主语的属性特征，所以都不可接受。

中动句的形容词一般选取的是描述性状类的形容词，且是复杂形式。形式简单的形容词主要表示性质，而形式复杂的形容词主要表示状态，有很强的主观色彩，通常含有评价作用，这刚好符合中动句的特征。当形容词为简单形式时，必须是以对比的形式出现，如(32)：

(32) a. ？臭豆腐吃起来香。

b. 臭豆腐吃起来很香。

c. 臭豆腐闻起来臭，吃起来香。

d. ？这张沙发坐起来软。

e. 这张沙发坐起来软软的。

f. 这张沙发抬起来轻，坐起来软。

6.2.2 汉语中动结构的物性结构制约

汉语中动结构各个成分之间也必须语义融合，但是不同于英语中动结构，主语发挥的作用不太重要，因为它不受责任条件限制，因此没有“买”和“卖”的非对称表现，如(33)：

(33) a. 这本书卖起来容易。

b. 这本书买起来容易。

主语 NP 实体的存在与否也不影响汉语中动结构的接受程度，英语中动主语属性特征使得潜在中动事件发生，所以英语中动主语 NP 必须是已存在的实体，汉语中动结构是对中动主语特征的评价，主语 NP 实体可以是不断形成的而非已经存在的，如

(34)：

(34) a. 这件羊毛衫织起来很容易。

b. 羊毛衫织起来很容易。

c. 这座桥建起来很容易。

d. 这种桥建起来很容易。

英语中动词 encourage 和 discourage 表现不对称，只有 discourage 才与主语 NP 的内在属性匹配，而汉语中动结构无论哪个动词都不可以参与中动构成，因为“鼓励”和“挫伤”为达成动词，与中动标记“-起来”不融合。英语中动结构中，有些动词可以通过语境、认知等手段成为可接受的中动词，如达成动词 discourage, see，但汉语中动结构不依赖于语境，只要动词与中动词缀“-起来/上去/着”不融合，或者说动词不可以有方向和状态性，就不可以进入中动结构，如(35)：

(35) a. *一个人鼓励起来很难。

b. *一个人挫伤起来很容易。

c. *现在的孩子欺骗起来不容易。

d. *大家打动起来不容易。

相比英语中动结构，汉语中动构成享有相对高的自由度，英语中被物性结构排除的中动结构，其对应的汉语中动结构可以接受，对比如下：

(36) a. *The children teach easily.

b. 孩子们教起来容易。

c. *The text understands easily.

d. 这篇课文理解起来容易。

e. *His talk grasps with difficulty.

f. 他的谈话领悟起来不容易。

尽管 V-起来中动不受责任条件限制，但主语、谓语和补语之间也必须语义融合。对主语评价应该符合主语的特征，主语特征有时是内在属性，有时是临时特征，动作是属性的原因，即在做某事时凸显主语的特征。如豆腐"吃"的时候可以评价为滑滑的，凸显豆腐的质地形式角色，如果评价为很美丽，就与豆腐的形式属性不相符。同样，如果动词为"消化"，豆腐的属性应该是容易消化，而不是滑滑的。如(37)：

(37) a. 豆腐吃起来滑滑的。

b. *豆腐吃起来很美丽。

c. 豆腐消化起来很容易。

d. *豆腐消化起来滑滑的。

英语中动结构中的典型附加语为促进类和阻止类，凸显的中动主语的物性角色为构成角色和功能角色；而汉语 V-起来中动 XP 最为典型的是对中动主语显性属性的描写，凸显的是形式角色。以"读"为例，我们看看 XP 对中动主语显性属性的描写，这些属性使得中动主语实体区别于其他事物，如(38)：

(38) a. 诗文写得流利，读起来顺口。

b. 这副对联读起来悦耳动听，诗情画意。

c. 这部作品读起来朴素自然，轻松诙谐。

d. 文章中西结合，读起来流畅自如。

6.2.3 汉语中动结构的信息结构制约

由于汉语是话题突出语言和代词脱落(pro-drop)语言，V-起来结构具有双重性，可以是主语＋V-起来＋XP 中动结构，也可以是话题＋主语 pro＋V-起来＋XP 话题结构。中动结构描写中动主语的属性特征，是对中动主语的评价，"V-起来"给中动句添加主体意识，因而在凸显 NP 的性质时不可避免地会带有一种认知的、主观的色彩。话题结构也对句首主语进行评价。从这个意义上来说，二者具有相似的语义特征。因此就信息结构而言，中动主语就是话题，其余部分为评论，这样就解释了为什么非施事论元可以到主语位置，因为中动主语也是话题。

不同于英语中动结构，XP 是中动结构的必需成分，这也与信息结构有关。评论部分由两部分构成，V-起来和 XP。V-起来谓语并不是句子的焦点，因为有些 V-起来可以省略，V-起来发挥着语用传信(evidentiality)功能，是对话题评论的参照点；XP 在句子中发挥焦点作用，所以焦点必须是句中的必要部分。话题结构生成的焦点限制更好地解释了 XP 的必要性，也可以看出，适用于英语中动结构的新闻价值性同样适用于汉语中动结构，如(39)：

(39) a. 这辆车开起来*(很顺)。

b. 这件衣服穿起来*(很漂亮)。

所谓 V-起来的传信功能，是指说话人对某一信息的主观评价或判断，表示说话人作出评论的根据和信息来源。由于中动结构 V-起来的传信功能，动词本身也要有一定的传信功能，这也就解释了汉语中动词除表示动作的活动动词和完成动词外，典型中动词还有感官动词，如看、听、摸、闻等。这是英语中动结构中不允许的，因为这类动词在英语中为系动词，后面跟形容词。动作动词是表示人的亲身经历和感受的，传信方面具有说服力。感官动词也具有很强的传信功能，因为视觉、听觉、味觉、嗅觉、触觉信息都属于直接信息，从认知上我们相信感觉到的东西。表示心理活动的动词一般不能参与中动构成，因为心理动词表达的是说话人的一种主观推断或猜测，传信程度较低，如“想”“害怕”“担心”“同情”等心理动词不可以进入中动结构。

6.3 相关汉语去及物化结构的生成

相对于英语去及物化现象，汉语去及物化现象更为普遍，除了中动结构，还有很多相关去及物化结构，很多研究人员认为其中有些结构是中动结构。我们有必要去了解这些去及物化结构，以期对去及物化结构的生成机制作统一的解释。

6.3.1 被动结构

英汉被动结构具有很多相似之处，尽管英语被动结构中动词有被动曲折变化，而汉语中动词没有曲折变化，但是汉语被动结构有被动标记，如“被”“由”“让”“叫”“遭”“给”等，这些被动标记所起到的作用相当于英语被动标记 be＋V-en。英汉被动结构具有相同的被动化的条件，被动句来自于致使事件，即典型及物事件，致使事件变成表示状态的事件，被动化过程为去及物化过程。也有些语言学家（如邓思颖 2004）把汉语被动化过程称为“作格化过程”。被动化中动词的动态性和影响义是被动化的主要条件，二者是英汉被动化的动词倾向，动词的动态性和影响义越强，越容易进入被动结构当中。

但是汉语被动结构与英语被动结构也存在一些差异，二者之间并不完全对应。首先，“被”在古汉语中表示“遭受”的意思，因此，受语法化的影响，有些汉语“被”字被动句还残留着消极意义，叙述不如意或不企望的事情。现在随着语法化的深入，“被”字句也不局限于消极意义，如“妈妈被大家簇拥到电话机旁”。表示积极的意义、不带贬义或者不幸意味则很少出现在被动句中，即使能出现，也往往比较特殊，表示意料之外，英语被动句则没有该限制，如(40)：

(40) a. 张三今天被人打了。
　　 b. 城市被敌人炸毁了。
　　 c. 他们被洪水困住了。
　　 d. ？张三被老师表扬了。

其次，除了语义上的限制，汉语被动句的动词在动态性方面的限制要强于英语被动语态，汉语被动句动词必须是处置动词，即影响动词。从事件结构看，英语被动句的状态性较强，致使影响义较弱，动词只要具有动态性一般就可以被动化，被动句的施事一般省略，因为被动事件凸显的是受事，且被动事件状态化，不需要施事出现。而汉语被动句具有状态性，但是动态性要高于英语被动句，强调状态的变化，带施事的被动句动态性和致使影响义更强，影响义也更强，施事主语一般也倾向于出现。被动句的主语往往要在外力的作用下发生异常的状态、位置或情绪的变化，因此被动词本身并不是表示结果的完成动词，往往是表结果的复合词。如(41)所示，“穿”和“贴”表示状态变化需要加上结果副词，而“脱”和“揭”本身具有表状态变化含义，可以单独使用。

(41) a. *衣服被穿了。

b. 衣服被穿好了。

c. 衣服被脱了。

d. *布告被贴了。

e. 布告被贴倒了。

f. 布告被揭了。

最后，英语被动句的主语为动词的直接论元，虽然直接论元不一定非是受事论元；而汉语被动句主语一般是受事论元，但也有动词的间接论元，如(42)：

(42) a. 他被打断了一条腿。(领属者)

b. 张三被偷了一个钱包。(领属者)

c. 院子里被种满了花。(处所)

d. 那把刀被砍钝了。(工具)

领属者论元尽管是间接论元，但在致使动作力的传递中，也可以被认为是致使对象。地点论元一般不会被认为是致使对象，但是地点在力的作用发生很大变化时，或具有受影响性时，也可识解为对象，构成被动句。工具论元相对地点论元更容易被处理成力的传递中的一个环节，工具是力传递中接触的实体。

从信息结构上看，英语被动结构的施事一般不出现，即使出现，在句子中也不是重要信息，句子的焦点是谓语。而汉语被动句的施事也可省略，但是出现的时候，是句子的焦点信息。因此，汉语被动结构中施事起着重要作用，这也是汉语被动句动态性较强的原因。

从以上讨论可以看出，由于英汉语言类型学的不同，被动结构生成所受的限制也不同。汉语被动句去及物化的条件是被动显性标记使得受事升格，致使事件变成表示具有变化结果的状态事件，去及物化动词具有形容词的特征，比英语更具有动态性和影响性。

6.3.2 意念被动句

这里的意念被动句泛指无标记的被动结构，主动形态表示被动意义，受事处于主语位置，属于受事主语句。意念被动句的类型非常多，既包括郑礼珊、黄正德（Cheng & Huang 1994）所说的假被动句，也包括王玲玲、何元建（2002）的前置宾语句。在此，我们列举几类意念被动句。

第一，意念被动句带有各种补语，如结果、地点、时间、趋向等，如（43）：

（43）a. 桌子摆整齐了。（结果补语）

b. 房子建得很漂亮。（结果补语）

c. 命运掌握在自己手里。（地点补语）

d. 这本书写于上世纪末。（时间补语）

e. 这辆车造出来了。（趋向补语）

第二，意念被动句的动词前面有各类状语，如地点、方式、时间、否定等，如（44）：

（44）a. 那个句子一直在斟酌。

b. 矿产大量地开采。

第三，意念被动句以表示体貌的小品词结尾，如表示完成的“了”，表示持续的“着”，表示体验的“过”，表示结果的“完”“好”“成”等，如（45）：

（45）a. 报告批准了。

b. 肉在锅里炖着。

c. 这个故事读过。

d. 论文写好了。

第四，意念被动句保留宾语，宾语和主语之间关系密切，如（46）：

（46）a. 村庄炸了一个坑。

b. 壁炉生了火。

c. 纸门踢破了一个大洞。

d. 墙上打了个洞。

e. 这件衬衫洗掉了一个扣子。

从以上意念被动句的分类可以看出，动词为及物动词，受事处于主语位置，但是意念句的谓词句法结构比较复杂，不能仅仅是受事论元提升，必须添加一些其他成分，如补语、状语、体貌小品词，甚至是宾语，这些成分是必需的，否则句子就不可接受，如(47)所示。丁声树等(1961)早就指出主语是受事的句子，谓语往往不单单是一个单独的动词，动词的前后多半有别的成分，如有的动词前面有助动词、副词和别的修饰词，有的动词后面带“了”字，有的动词前后都有别的成分。陆俭明、沈阳(2003)和潘海华、梁昊(2002)都指出光杆动词不能用在受事主语句中。石毓智(2003)也指出，受事主语的谓语不能是光杆动词，而必须是复杂的结果短语。

(47) a. *桌子摆。

b. *这个故事读。

c. *烟抽。

d. *门开。

意念被动句谓词的复杂性表明该类句子必须表示状态，可以表示状态的持续，但更多的是表示结果。意念被动句的底层事件必须是有界事件，其中结果复合动词最适于出现在该类结构当中。动词是否有界决定意念被动句的可接受性，光杆动词经常表示无界的行为，只有添加结果复合动词才可以表达状态变化，才可进入意念被动句中，如(48)：

(48) a. ?*那封信写了。

a'. 那封信写完了。

b. *门拉了。

b'. 门拉开了。

c. *那栋房子盖了。

c'. 那栋房子盖好了。

d. ?* 鸡杀了。

d'. 鸡杀死了。

光杆动词变成复杂动词也可以通过其他手段，体貌和否定情态是其中的重要手段，体貌标记如“着”“了”“过”，光杆动词的自我复制也是改变体貌的手段之一。体貌和否定情态之所以能把光杆动词变成复杂动词进入意念被动句，是因为复杂动词蕴含着状态的改变或维持，如(49)：

(49) a. 桌子摆着。

b. 汤不喝。

c. 论文改改。

意念被动句其他谓词复杂化的手段都是事件状态化的手段，去及物化必须满足动词状态化条件。同时，意念被动句的施事一般不出现，因为语言输出遵守经济性原则，隐含施事去焦点化，可以表示泛指，如(50)a；有些意念被动句施事只能隐含，虽然施事显而易见，但不能在句法上显性出现，如(50)b～d；还有些施事是受事的修饰语，如(50)e。

(50) a. 青石路磨得很光滑。

b. 河流污染得很严重。

c. 土地大量地出售。

d. 李四下放到了老家。

e. 他的数学学得很好。

由此可以得出，意念被动句施事背景化，受事凸显，与被动句相比，动态性减少，状态性增多。正如贺晓玲(2005)指出，受事主语句具有内在状态性，用来回答“怎么了”这样的问题，如用“衣服洗干净了”回答“衣服怎么样了”。

因为意念被动句缺少被动标记，有时就会产生歧义，特别是受事主语为有生命的名词或代词时，有生命的词最容易解读为施事或经验者，这样的句子可接受性较差，这时就必须采用被动句来表达，如(51)：

(51) a. ?* 张三逼疯了。

b. 张三被逼疯了。

c. ?* 张三打断了一条腿。

d. 张三被打断了一条腿。

有些动词在语篇中倾向于省略施事论元，因此这些词可以出现在生命受事主语意念被动句中，这些动词如“打倒”“调查”“隔离”“劳改”“劳教”“判刑”“流放”等，如(52)：

(52) a. 他判刑了。

b. 张三隔离了。

c. 地主打倒了。

d. 张三流放了。

总之，意念被动句生成的条件受体貌条件限制，同时也受主谓语之间语义融合条件、主语信息凸显制约，去及物化的过程就是状态化过程。

6.3.3 作格结构

汉语作格结构的界定在汉语界有不同的观点，确定的标准也没有定论。Perlmutter(1978)提出了非宾格假设(Unaccusative Hypothesis)，不及物动词分为非作格动词和非宾格动词，非作格动词的唯一论元是外论元，而非宾格动词的唯一论元为内论元。Burzio(1986)提出了Burzio定律，进一步区分了两类不及物动词，每类动词论元处于不同的句法构型当中，从支配约束理论的角度看，非作格动词的主语处于深层结构的主语位置，而非宾格动词的主语处于深层结构的宾语位置。

汉语界很多语言学家把非宾格动词也称作“作格动词”，但是非宾格动词的种类繁多，包括存现动词(如有、来、发生、死)、形容词类动词(如红、安定、便利)、包含受事论元动词(如燃烧、漂流、悬挂)、起始动词(如融化、增加、减少、爆炸)、持续动词(如持续、保持)、体貌动词(如开始、停止)等。还有语言学家把含有结果的复合动词当作非宾格动词(如推倒、洗干净、打碎等)。这些动词的共性是非施事论元作主语，也可以放在谓词后面作宾语。但是其中一类作格动词还独有一个特征，即具有一定的自主性，这类动词才是真正的作格动词。非宾格动词包括作格动词和其他非宾格动词。Ergative 这一术语最早来自丹麦语，从语义上说，与 agentive 相似，是指施事格作格结构具有一定的自主性。

判断作格动词的标准可以概括为三条：作格动词既可以是及物动词也可以是不及物动词；动词具有使役性；动词具有自主性。以下动词都不是作格动词。

(53) a. 他吃过饭了。

a'. 饭吃过了。

b. 王冕死了父亲。

b'. 父亲死了。

c. 他把花瓶打破了。

c'. 花瓶打破了。

(53)a、(53)a' 中动词只为及物动词，(53)b、(53)b' 中动词只为不及物动词，(53)c、(53)c' 中动词虽然是使役动词，既可以是及物动词，也可以是不及物动词，但是不具有自主性，因此也不是作格动词，这类结构为前面讨论的意念被动句。作格动词如下：

(54) a. 门开了。

b. 船沉了。

c. 灯熄灭了。

d. 脸红了。

e. 经济发展起来了。

作格动词是及物动词的去及物化，与英语作格动词一样，汉语作格动词为起始动词，强调状态的变化。虽然作格动词也可以出现在及物结构之中，但没有隐含施事，所以受事主语作为唯一论元具有主动性和事件的控制性。但根据认知能力，我们还是能够感知作格事件有外力在起作用。

根据状态变化，曾立英(2006)将作格动词分为物理变化动词、心理变化动词、去形容词类动词和自发变化动词。物理变化作格动词如改善、改变、提高、消除、开展、成立、减少等；心理变化作格动词如感动、震惊、震动、迷惑、激怒等；去形容词类作格动词如模糊、安定、端正、繁荣、稳定等；自发变化作格动词如关、融化、暴露、变化、熄灭、着等。

笔者认为自发变化作格动词为最典型的作格动词，满足作格动词的所有标准；心理变化作格动词的主语为经验者，这类动词并不多，但也具备一定施事性、主动性，因此也满足作格动词的所有标准。对于其他两类动词，能否成为作格动词还要依赖于世界知识，受事主语能否具有自主性是判断的关键。(55)中的句子可以理解为歧义句，“环境”等可以理解为意念被动对象，也可以是表示有一定主动性和控制性的作格对象，而(56)中的句子只能是意念被动句，没有主动的意义。

(55) a. 环境改善了。

b. 公司成立了。

c. 态度端正了。

d. 经济繁荣了。

(56) a. 税收减少了。

b. 生活方式改变了。

c. 社会秩序安定了。

d. 坑挖浅了。

从以上的讨论可以看出，意念被动句和作格结构有重叠的地方，即受事论元作主语，但是二者存在很大区别：意念被动句中隐含的施事起的作用较大，意念被动句强调变化的状态；而作格结构中隐含的施事作用更小，作格结构强调变化。从力的传递来看，意念被动句主语就是力的作用对象，而作格结构主语起着一定的力的启发者的作用，前者为被动，后者为主动。

6.3.4 主语-宾语易位句：供用句

汉语中有一种独有的句式：主语-宾语易位句。供用句是其中的一个比较特殊的句式,施事与宾语联系,受事与主语联系,表示一定量的物提供给一定量的人或物。从跨语言角度上看,这种形式-功能联系方式是错误的,正如 Lasnik 和 Uriagereka (2005: 6)指出,在未经假设的情况下,动词的主语是施事,宾语是受事。供用句被认为是一种新型的汉语中动结构(易红 2013),也可以看作是去及物化结构之一,尽管有些不及物动词也可以进入供用句当中。我们有必要探讨这类句子生成所受的条件。

根据语义关系,主宾易位的供用句分为三种:一是受事+施事的语义关系;二是处所+施事的语义关系;三是材料/工具+施事的语义关系。分别如:

(57) a. 一锅饭吃十个人。

b. 一磅肉吃两个人。

(58) a. 这间小屋住四个人。

b. 一张沙发坐三个人。

(59) a. 一盆水洗三个人。

b. 一匹马骑两个人。

从以上例子看出,主语-宾语易位的供用句表达的是某种数量关系的句式意义,强调关系义和状态义而不是动作义。从力的传递上看,句子失去了动态性,表达的不是动作事件,而是非事件。主语并不是施力的对象,作为起着更大作用的反施力者,主语的特征允许施事做某种动作,这一点与英语中动句的事件意义相似。陈昌来(2002)就指出,动作义的消失使得动词支配主语和宾语方向性的能力消失,增加了关系义,使得主语和宾语易位成为可能。

供用句的每个成分都受到一定的限制,首先看动词的选择。动词主要分为两类:一类是消耗动词(consumption verb),如吃、喝、抽等;另一类是容纳动词(accommodation verb),为某种活动提供时间或空间,如住、骑、坐、睡等。作为供用句动词,施事应该还是受益的对象,所以动词必须具有给予义,以下句子之所以不可接受就是因为动词没有给予义,受事主语不具备为施事提供动词所指示的益处的特性。

(60) a. *一张沙发搬三个人。

b. *一锅米饭做十个人。

c. *一匹马牵了两个人。

d. *一桶水偷三个人。

从以上例子也可看出，供用句动词一般采用光杆动词，已失去动态性。尽管供用句中可以带上动态体貌助词“了”和“过”，但非光杆动词的供用句不可接受，如(61)。动词应该是句法与语义的核心，通常被认为是最难省略的结构成分，而供用句中的动词在句中并不重要，省略后并不影响句子意义的表达，如(62)：

(61) a. *一杯水喝完了两个人。

b. *一锅饭正在吃十个人。

(62) a. 一锅饭十个人。

b. 一张床三个人。

再来看供用句处于主语位置的非施事论元和处于宾语位置的施事逻辑主语的特征。沈家煊(1999)指出，典型的事件要求参与者是一个具体的人或物，特别是其中的施事成分。由于供用句表达的是供用量和供用对象之间的分配关系，而非施受关系，所以句子主语和逻辑主语都是泛指数量词，具体、带有修饰语的成分不能出现在该类句子当中，如(63)所示。丁加勇(2006)认为供用句的逻辑主语具有弱个体性，是指施事已经丧失了作为个体的许多属性或特征。

(63) a. *一锅饭吃了十个留学生。

b. *一间房子住两个爱打鼾的人。

c. *一条被子盖两个爱哭的小孩。

(丁加勇 2006：68)

虽然逻辑主语处于宾语位置，但它已经不是宾语。它不仅是动作的发出者，也是供用的对象，也表示量度(measure)、方式(manner)或范围(extent)，施事论元起着一定的状语作用，因此这类句子称为“主语-宾语易位句”是不准确的，可以称作“表面上的主语-宾语易位句”。

从以上的讨论可以看出，供用句去及物化受到较多的句法、语义限制，受到限制较多的句式在语言中应该是比较特殊、数量较少的句式，很多情况下是为了满足语用的临时性需求，陈昌来(2002)就提出供用句的主语起着话题的作用。没有特定的语境，这类句子往往会有歧义，施事主语解释不通时，再寻求其他解释，这必然对大脑语言加工带来负担。

6.4 结语

本章探讨了汉语中动结构及其相关去及物化结构的生成机制，研究表明汉语去及物化现象比较丰富。原因之一是去及物化标记的多样性，包括中动结构的中动标记和被动结构的被动标记。去及物化标记表明这些句子不能表示典型的及物施受关系事件，这些特殊句子的可接受性必须满足更多的句法语义条件，特别是中动结构，制约条件包括事件结构、物性结构、语用因素制约。汉语去及物化结构的丰富性还表现在意念被动句、作格结构和供用句的存在，尤其是意念被动句，在汉语中大量存在。这是英汉语差异较大的一个地方，应该存在语言类型学原因，我们将在下一章进一步探讨。概括来说，汉语去及物化的动因是句子动态性减少，状态化增强，受事主语施事化，去及物化动词要做到语义自足，就必须使得句子结构复杂化。汉语中动结构和其他相关去及物化结构的区别如表 6-1 所示，我们对各个特征的强弱程度也作了标记。

表 6-1 汉语中动及其相关去及物化结构特征

	中动结构	被动结构	意念被动句	作格结构	供用句
状态性	√√	√	√√	√	√√
动态性	—	√	—	—	—
动作的自发	—	—	—	√	—
主语施事性	√√	√	√	√√	√
被动性	√	√√	√	√	—
施事省略	—	√	—	—	—
施事隐含	√	—	√	—	—
结构复杂度	√√	—	√	—	√

总之，汉语去及物化结构与英语去及物化结构一样，其事件结构不同于人类典型力传递的及物事件，但是去及物化结构也符合力传递的规律，去及物化结构的受事论元具有施事性倾向，去及物化结构的生成需要更多的句法、语义和语用限制。

第7章

去及物化结构的语言类型学研究

通过第5章和第6章英汉语中动结构及其相关去及物化结构的讨论，了解了这些结构的句法、语义、语用限制，对去及物化机制作了一定的假设。但是英汉语去及物化结构存在许多差异，本章尝试总结这些差异，并从语言类型学角度对这些差异进行解释。动词的去及物化现象对动词现有的分类提出了挑战，因此我们尝试对动词分类进行新的思考。

7.1 英汉去及物化结构的区别

英汉去及物化结构有多种类型，其中包括被动结构，但是由于被动结构具有被动标记，这类去及物化结构的动因比较清楚，这也是语言的共性。其他去及物化结构，也就是主动形式表示被动的去及物化结构是语言学家需要解释的特殊结构。这类句子在汉语中称为"受事主语句"，受事是指泛指受事，即非受事。因此，我们把英汉被动结构排除出去及物化结构的范围，探讨英汉主动形式表被动意义的受事主语句的区别。

7.1.1 多产性

多产性是英汉语去及物化受事主语句最重要的区别，这种区别是显而易见的。英语受事主语句是标记结构,不具有多产性,而多数汉语受事主语句为非标记结构,具有多产性。

多产性区别表现在英汉去及物化结构在各自语言中的地位。英语去及物结构包括三类:中动结构、作格结构和被中动结构,这三类结构在英语中数量有限。根据 Simargool (2005),中动结构在古英语和中古英语中很少见,只有一例出现于中古英语,两例出现于古英语。只有在当代英语早期和当代英语中,中动结构才多了起来,并一直发展到现在,但是比起其他受事主语句,特别是被动句,中动结构数量非常少,经常出现于广告语言和口语当中。Poutsma (1926), Hatcher (1943)和 Erades (1950)已指出英语中动结构出现在广告和产品促销中,这一事实也得到 Fellbaum (1985)和 Yoshimura (1998)的进一步证实。Hatcher (1943)提出中动结构表达一个"理想"情景,这种情景下任何事物都运转得容易、好或者迅速等,中动结构是一个普通的广告策略。

由于中动结构的数量稀少,很多语言学家不同意把中动结构处理成一个语法范畴。有些语言学家甚至否认中动结构的存在,认为中动结构依赖于其他结构,如依赖于被动句、非作格结构、非宾格结构等。Lekakou (2002, 2005)坚持中动结构不是独立结构,而是寄生于其他结构,一类寄生于非作格,另一类寄生于被动。Hale 和 Keyser (1987)坚持中动结构属于更加具有概括性的非宾格语法范畴。也有语言学家把中动结构当语法范畴来对待,但是对其定义特征存在分歧。

作格结构出现得较早,古英语出现的去及物化结构一般都是作格结构,或者说是中动结构和作格结构的混合物(Simargool 2005: 62)。作格结构比起中动结构较为常见,但数量仍比较少。作格动词比较少,都表示状态的改变,改变可以是物质的,也可以是心理和位置的,同时作格动词缺乏意愿控制性。

相对中动结构和作格结构,被中动结构更为少见。Traugott (1972)指出被中动句在早期零星出现,直到 17 世纪才开始常见。

Mossé (1938)指出被中动句在18世纪多产,而19世纪出现频率减少。根据Lightfoot (1979),该类句子在当代英语早期出现频率高,而之后已经失去多产性。被中动句发展为被动句的进行时态。Lightfoot (1979)认为除了几个孤立的古用法,如wanting, owing, missing,被中动句不再使用了。

汉语受事主语结构是最为古老和基本的结构之一。受事主语句在古汉语就出现了,该句式发展迅速,表现在出现频率和句式的复杂性。汉语受事主语结构是个大杂烩,包括我们讨论的中动句,也包括意念被动句、作格结构、主语-宾语易位句等。赵元任(1968)与Tao和Thompson (1994)都指出受事主语句在汉语语篇中出现频率极高。赵元任(1968)指出,50%的主谓语句都是非施事主语结构,其中受事主语句占据很大比例。Tao和Thompson (1994)指出,现代汉语会话中频率最高的结构是X+V的单一论元句,占据所有句子的61%。X+V结构主要有两类:X是施事或客体,施事类占58%,而受事主语句占42%。

7.1.2 受限性

英汉受事主语句的多产性差异也能说明它们生成受限性的差异,只有受限少的句式才可能多产。汉语受事主语句作为汉语基本句式,总体上来说肯定比英语受事主语句受限性要小,从相对应的受事主语句之一的中动结构来看,汉语中动结构的生成要自由许多。

首先,从动词选择上看,英语中动构成受动词体貌限制,英语完成动词可以进入中动结构,一些隐含状态变化的活动动词也可以进入中动结构。根据中动事件,中动主语作为反施力者必须作用于动态事件,并且带来主语状态变化效果。因此,中动动词具有致使性、持续性和变化性特征,如(1):

(1) a. The pill swallows easily.(完成动词)

b. The book reads easily.(活动动词)

汉语中动构成也受动词体貌限制,但是汉语中动结构动词的选择具有较大的灵活性，较多的活动动词能进入汉语中动结构。汉语中动结构更注重过程，状态变化结果并不是必需的，如(2)：

(2) a. * French learns easily.

a'. 法语学习起来很容易。

b. * This job does easily.

b'. 这件工作做起来很容易。

其次，从主语论元选择看，英汉中动结构的主语位置允许非受事论元出现，核心论元和附加语论元都可以作主语。英语中动结构附加语论元比较少见，主要有材料论元(如 The wood carves the toy easily)、方式论元(如 The music dances better than the other)、工具论元(如 The pen writes well)、处所论元(如 The bed hides under easily)。其中最常见的是工具论元，其他论元并不多见，而且接受性也存在分歧。Greenspon(1996)就指出，附加语中动结构具有边缘性(marginal)和口语性特征，说话者可以接受 The bed sleeps well/comfortably，但并不是所有说话者都接受 This bed sleeps easily。汉语中动主语选择题元角色更具有灵活性，除工具、材料论元比较普遍外，汉语中动结构处所论元也很常见，如(3)。这些汉语中动句没有相对应的英语中动句，或者是接受性不高。

(3) a. 食堂吃起来很方便。

a'. * The dinning hall eats conveniently.

b. 石凳夏天坐起来很舒服。

b'. * The stone chair sits comfortably in summer.

汉语还有特有的附加语论元中动结构，杨晓军(2008:113)指出，来源、对象、方式和目的等语义成分作主语的中动结构是汉语所特有的，如(4)：

(4) a. 公款吃起来很“惬意”。(来源)

b. 名人采访起来很不容易。(对象)

c. 烧烤吃起来挺浪漫的。(方式)

d. 研究生考起来很难。(目的)

英语中动结构的非施事主语的内在属性对句子的可接受性起着关键作用，谓语必须凸显主语实体的内在属性，即主语和谓语之间在语义上必须融合，中动构成要满足责任(responsibility)条件限制。(5)中的句子在接受程度上出现不对称，主语实体的内在属性和谓语凸显的特性必须一致。“the book”只为出售负责，如具备内容丰富、封面漂亮、价格便宜等内在属性，与购买没有关系；同理，“the children”也没有容易教的内在属性，不能为容易教发挥责任作用。

(5) a. This book sells well.

a'. * This book buys well.

b. These ideas teach easily. (Hoekstra & Roberts 1993: 202)

b'. * These children teach easily. (Hoekstra & Roberts 1993: 202)

汉语中动事件不同于英语中动事件，主语实体并不对中动事件负责，而是说话人对主语实体的评价，主语实体特性是说话人赋予的临时性特征，未必是内在属性。因此，汉语中动的主语选择具有较大的灵活性，接受程度不存在不对称，如(6)：

(6) a. 这本书买起来容易。

a'. 这本书卖起来容易。

b. 这些思想教起来容易。

b'. 孩子们教起来容易。

Fellbaum (1986: 17)认为创造动词(creation verb)不蕴含状态变化，不能出现在中动结构中，如* The novel writes well。但是，笔者认为中动结构能否接受取决于主语和谓语之间的语义融合，泛指名词短语表示的实体已存在于我们的心理中，就可以作为中动主语论元，如 This kind of novel writes well。因此，英语中动结构中创造类动词只能与创造完成的主语实体或已经存在于心理中的主语实体相融合，因为对于还不存在的实体，其内在属性无从谈起。汉语中动结构对这一要求并不敏感，因为汉语主语可以不凸显内在属性，(7)中的英汉对比可以看出英汉中动事件的不同。

(7) a. * The house builds easily.

a'. 这栋房子建起来很容易。

b. Houses build easily.

b'. 房子建起来很容易。

从附加语选择来看，状语是英汉中动结构最大的区别。英语中动结构的状语是副词短语，而汉语中动结构的状语是形容词短语，英汉中动结构分别为 NP＋V＋ADV 和 NP＋V-起来＋AP。英语中动结构的副词短语是可选择的。根据 Grice (1975)量的准则，中动句要具有新闻价值性，语境、否定、情态等手段可以替代状语的作用，使得主语满足责任条件，如(8)所示。汉语中动结构的形容词必须出现，汉语中动句不受语用条件制约，AP 的出现是语法规则，如(9)所示。状语的缺失可能影响英语中动句的接受程度，而缺失 AP 的汉语中动句不符合语法。

(8) a. The shirt does not wash.

b. The floor might wax.

(9) a. These chairs fold up.

b. * 这些椅子折叠起来。

英语中动结构的副词短语类型有限，Dixon (1991)观察到，只有少数副词能进入中动结构，如表示速度(slowly, fast, quickly)、价值(well, properly)、难易(easily, with/without difficulty)的副词。大多数副词是促进类副词，阻挡类消极副词很少出现，如(10)所示，这与英语中动句的语体风格有关，英语中动句大多用于广告中。汉语中动句没有语体限制，促进类和阻挡类非意愿形容词短语都可以进入中动结构，AP 是说话人对主语实体的临时性评价。

(10) a. * The bread cuts hard.

a'. 这种面包切起来很难。

b. * The problem solves with difficulty.

b'. 这个问题解决起来很难。

英语中动副词还要受非意愿性副词的限制，汉语中动结构的AP也是非意愿性的，不能指向隐含施事，但是AP相对多样和复杂，有些AP是对施事的描写，如(11)。AP指向施事并不能否定中动结构合法的可能性，并没有突出施事的意愿性和动作性，仍然是对主语论元的描写，主语具备让隐含施事处于某种状态的品质。

(11) a. 这沙发摸起来舒服。

b. 这件衣服穿起来苗条。

c. 这件事谈论起来很羞愧。

d. 这件事提起来心里发慌。

7.1.3 语境依赖性

本书从句法-语义-语用界面的角度研究了去及物化的生成机制，笔者发现语用原则在英汉语受事主语句中发挥的作用不同。英语中动结构的可接受性往往通过合适的语境得到提高，只要可以激发主语责任性的合适语境，中动结构就可以接受，中动结构所受的制约条件都可以违反，如达成类动词也能出现在中动结构当中。(如? French acquires more rapidly than English.)

符合语法的中动结构和不符合语法的中动结构之间没有清晰的界限，因为不同的人有不同的能力来想象合适的语境，所以中动语法性的判断就不一致。百科知识在决定语境合适性和中动可解释性方面起着关键作用。为了使中动句可以接受，英语中动结构一般需要附加语、情态动词、否定或强调，这些都是语用原则需要的。根据Grice(1975)的量的准则和Horn(1984)的关系准则，中动结构必须具有信息性。

英语中动结构依赖于语用原则说明了英语中动结构的语法化程度并不高，只是一个临时性句子，可以被其他句式代替，如难易句。相比而言，语用原则在汉语受事主语句中所起到的作用就要小得多。在汉语中动结构中，AP是必要的，因为这是语法规则，而不是语用原则，AP 无论何时都不能省略。英汉中动结构对比如下：

（12）a. These chairs fold up.

b. *这些椅子折叠起来。

c. 这些椅子折叠起来很容易。

其他受事主语句的动词后置修饰语也是语法规则，AP，PP 和体标记都不可省略，如下所示：

（13）a. 那栋房子盖好了。

b. *那栋房子盖了。

（14）a. 张三绊倒在家门口。

b. *张三绊倒。

c. 张三绊倒了。

7.2 英汉去及物化结构的语言类型学分析

从以上讨论可以看出，英语中动构成的限制比汉语中动构成的限制更为严格，无论是中动动词的选择，还是主语和附加语的选择，英语中动构成都没有汉语中动构成的自由度高，汉语中动结构更具有多产性。从使用上来看，英语中动结构的使用非常有限，即使在广告语中也很少使用，可接受性没有一个清晰的界限，而汉语V-起来中动结构的使用频率相对要高得多。总的来说，英语受事主语句相对汉语受事主语句比较少见，作为去及物性句子结构在语言中少见是正常现象，因为去及物性不符合典型事件的特征。但是为什么汉语能够自由地把非施事论元放置在主语位置上呢？同样，日语和韩语受事主语结构也是基本结构，去及物性差异应该有着语言类型学原因。

7.2.1 话题凸显语言 vs. 主语凸显语言

Li 和 Thompson (1976)指出，一些语言中主语-谓语是句子结构中的基本语法关系，而另一些语言中话题-评论是句子结构中的基本语法关系。根据主语和话题在句子中的凸显，他们把语言划分为四种类型：主语凸显语言、话题凸显语言、主语和话题都凸显语言以及主语和话题都不凸显语言。主语凸显语言中主谓语法关系起着重要作用。话题凸显语言中话题评论关系起着重要作用。英语属于典型主语凸显语言，而汉语则属于典型话题凸显语言。

徐烈炯、刘丹青(1998)指出，汉语话题和主语在语法层面上共存，话题是个独立的成分，占据一个同主语、谓语、宾语基本成分平行的句法位置，提出汉语是 TSVO 语言。因此，汉语话题已经语法化了，汉语话题结构是非标记结构，而英语中话题前置是临时性的语用原因，英语话题结构是标记性结构。汉语话题既是语用概念，也是句法概念，而英语的话题只是个语用概念。

Thompson(1978)把语言划分为两个范畴：语用语序和语法语序。前者遵循语用原则，语序是话题-评论，句子结构排列灵活，任何语义角色的论元都可处于话题位置，如俄语、捷克语和汉语；后者根据语法功能排列语序，语法功能的确认依赖论元在句中的位置，如法语、英语。Hawkins (1986)指出，格标记语言倾向于语用语序语言，如主语总是施事，论元句法功能和一致现象都显性标记，不需要位置来获得语法解释。也就是说，任何论元可以处于句首发挥语用作用，同时发挥各自的语法功能作用。非格标记语言倾向于语法语序语言，语法解释必须依赖句法位置，语序受到更多限制。为了同时满足话题语用和句子语序的要求，主语和话题之间就要达成妥协，主语和话题重叠，主语论元可以担任多种语义角色。

Simargool (2005)调查了英语中动结构的发展史，他发现古英语和中古英语鲜有中动结构，直到早期现代英语和现代英语时中动结构才开始多产，这可能与古英语和早期现代英语、现代英语差异有关。古英语是语用语序语言，存在与中动结构相类似的结构，如 OSV 结构和 OVS 结构。但是随着英语的发展，格丢失了，变成语法语序语言，位置成为语法功能的标志，OSV 结构和 OVS 结构就不能存在了，语法结构只能是 SVO，中动结构作为补偿结构出现了。

Simargool (2005)认为英语中动结构中只有一个论元，该论元必须处于主语位置，因为语法语序语言的主语位置不能空缺。Simargool (2005)只是解释了英语中动结构的存在，并没有从跨语言的角度解释英语中动结构不具备多产性的原因。笔者认为，英语中动结构是语法规则和语用规则妥协的结果，英语中动结构也是话题结构，主语在语用层面为话题，话题位置可以放置非施事论元。英语是主语凸显语言，英语中动结构要在更大程度上满足主语的需求，主语更倾向于施事，受事主语要受更多限制。因此，英语中动结构不具备多产性，对中动构成限制具有更大的敏感性，更加依赖语境。

汉语是语用语序语言，但是不同于 Hawkins (1986)的描述，汉语并不是格标记语言。汉语中动的句首论元是话题，主语变成 pro 脱落。与英语中动结构的话题和主语的临时性重叠不同，汉语是话题凸显语言，汉语的话题已经语法化了，中动结构在更大程度上满足话题的需要，汉语话题位置允许更多的语义角色出现。因此，汉语去及物化结构更具有多产性，对构成限制缺乏敏感性。

相对汉语的话题突出，韩语和日语作为黏着语言，其话题突出更为明显，语法化程度更高。作为格标记语言，韩语和日语的话题有话题标记，主语也有主格标记，有了标记的句首 NP 就没有一定是施事的要求。因此，韩语和日语的受事主语句更是基本句，主语也是话题，话题位置中语义角色不受限制。以日语为例，が和は分别标记主格和话题，都可看作中动结构，也就是中动主语也是话题，如(15)：

(15) a. メールが/は 日本の 家族に 簡単に 送れる。

邮件很容易就发到了在日本的家人那儿。

'Email can be sent easily to families in Japan.'

b. 湯上ねが/は 山頂から よく見える。

从山顶很清楚地看到了炊烟。

'Mt. Yugamine can be seen from the top of the mountain.'

c. 嫌な 事が/は 簡単に 忘れられる。

令人讨厌的事情很容易就被遗忘。

'Bad things can be forgotten easily.'

(Taguchi 2007：246-247)

7.2.2 论元实现的灵活性

汉语语法化的话题解释了中动结构允许更多的语义角色论元处于句首位置。汉语论元实现的灵活性，即论元的非选择性，进一步解释了汉语中动结构允许更多的附加语论元处于句首位置。所谓论元的非选择性是指主语论元和宾语论元在语义上不受动词选择限制，论元题元选择具有较高的自由度，甚至不及物动词也可带宾语。(16)中的汉语论元的非选择性现象没有对应的英语表达，也就能说明(17)中的汉语中动结构没有相对应的英语中动结构。

(16) a. 写毛笔（工具宾语）

b. 读 MIT（地点宾语）

c. 洗干洗（方式宾语）

d. 考研究生（目的宾语）

e. 睡沙发（不及物动词＋处所宾语）

(17) a. 这张床睡起来很好。

a'. * This bed sleeps well.

b. 这把椅子坐起来舒服。

b'. * This chair sits comfortably.

论元的非选择性反映了语言产出认知上的经济性原则，但为什么汉语论元选择具有较大的灵活性呢？语言学界提出了不同的假设，其中 Lin (2001)认为是轻动词(light verb)的原因。Lin (2001)指出，句子中的题元角色由轻动词提供，英汉轻动词不同，汉语轻动词位于表层句法层面(s-syntax)，而英语轻动词位于词汇句法层面(l-syntax),即汉语轻动词是句法成分,而英语轻动词为词汇成分。汉语动词和不同的轻动词组合,使得动词选择主语和宾语有一定自由度。胡建华(2007)不赞同 Lin (2001)的观点,认为很难说得清引入轻动词的条件,汉语论元的选择性比英语灵活是因为英语是格标记语言,汉语是非格标记语言。格标记语言的论元选择通过格来允准,非格标记语言的论元选择不通过格来允准,NP 可以不通过题元位置来获得题元。我们不想对哪种假设更具有可行性追根溯源,汉语论元的选择性自由度高是不言而喻的,属于语言类型差异。笔者认为,从认知动因上看,英语和汉语都应该具有论元实现的灵活性,而灵活性的差异在于认知和各自对语法规则妥协的不同。

论元实现的灵活性还与汉语特有的动词有关。为什么汉语中意念被动句是基本句式,而英语中相对应的句子必须是被动句呢?话题突出与否不能给我们全面的解释。汉语动词的双音词汇化是意念被动句普遍的另外一个语言类型学原因。汉语很少有单音节的完成动词,而是活动动词和结果动词合并的结果复合动词,而相应的英语表现为结果短语,如“打扫干净”vs.“wipe clean”。汉语特有的结果复合动词可以分为四类,第一类是两个谓词之间关系密切,结果可以预测出来,这类结果复合动词可以自由带宾语,如(18):

(18) a. 手帕哭湿了。

b. 哭湿了手帕。

第二类是结果复合动词的结果是无法预测的,这类复合动词一般不能带宾语,如(19):

(19) a. 这个洞挖浅了。

b. *挖浅了这个洞。

第三类是结果复合动词词汇化程度更高,两个语素不能分开,如流放、端正、扩大、解放等,这类复合词大都可以跟宾语,如(20):

(20) a. 西藏解放了。

b. 解放了西藏。

还有一类词汇化程度较高的结果复合动词具有"动词+宾语"的结构,如动工、判刑、把关、保密、降职,这类复合词一般不能再带有宾语,如(21):

(21) a. 那个大楼已经动工了。

b. *已经动工了那个大楼。

可以看出,词汇化的结果复合动词在语义上尽管具有及物动词的特征,但是及物性程度并不高,具有较高的状态性,强调结果。由于表方式的动词后附了表结果的补语,去及物化程度和语义自足化程度都偏高。而英语结果动词短语动态性更强,强调动作,不符合去及物性的特征。

7.2.3 体貌突出语言 vs. 时态突出语言

受事论元之所以处于主语位置是因为两个主要原因:一是具有句法标记,如法语、德语等曲折语言中的中动标记,英语、汉语等语言中的被动语态标记;二是去受事主语句必须满足句法和语义条件限制,如状态化是去及物化的必要条件。

汉语不是曲折语言,但是具有中动标记,中动结构的多产性和较小的受限性与中动标记"-起来"有关,中动标记使得中动词和AP选择多样性。汉语拥有丰富的体貌,是体貌(aspect)凸显语言,而英语是时态(tense)凸显语言(参见尚新2004)。如汉语体貌标记"着""了""过""正在""来"等,中动结构中的"-起来"是其中的一个表示评价性的体貌标记,宋国明(1994)称之为"中动标记"。

评价体"-起来"具有丰富的意义,除了评价意义,还包含语法化过程中遗留的起始意义。因此,汉语中动事件意义不同于英语中动事件,重在过程而不是结果,强调说话人对主语特征的评价,并不强调主语为整个事件负责的内在特征。汉语丰富的中动意义使得中动词和形容词都比英语中动词和副词具有更多的选择性。由于"-起来"中动标记的语法化,汉语中动结构已经成为语法化程度较高的结构，而英语缺少这一语法标记，所以英语中动结构更依赖语境，受语用条件制约。

正如前面所述，汉语有各种体貌标记，而英语只有两个语法体：完成和进行。Lin(2001)认为汉语的体实际上是轻动词，在塑造事件方面起着作用。笔者赞同体貌标记有助于决定事件的时间视点，这些体貌标记在古汉语中为完全动词，在现代汉语中虽然语法化为功能词，但也保留了动词的某些特征。

汉语体貌标记使得四类动词都能描写状态，也就是说，体貌标记增加了动词的状态化，降低了动词的及物性，也就为去及物化结构作好了准备。刘晓林、曾成明(2011：15)也指出，“着”“了”“过”三个体貌标记均能使动词不同程度地去及物化，并能一定程度地实现语义自足化，而英语没有这些体貌标记，就必须依赖其他方式达到目的，如用时态和语态来表达对应的汉语句子。以下的例子当中，(22)a～c 英语被动语态对应于汉语受事主语句，因为英语缺少相应的体标记，而(22)d 表明英汉语都具备进行体，二者具有同样的句式。

(22) a. 作业写完了。

a'. The homework has been finished.

b. 房子设计好了。

b'. The house has been designed.

c. 这个手续办得越来越麻烦了。

c'. The procedure is handled with more troubles.

d. 房子在建设中。

d'. The house is building.

7.3 动词分类的再思考

去及物化结构对动词的分类提出了挑战，去及物化结构中的动词是及物动词，还是不及物动词？同时，不及物动词的及物化也同样面临着动词词类问题,如飞上海、跑关系。及物动词的不及物用法为不及物动词的及物用法提供了广泛的解释空间。

关于动词及物性的分类,王俊毅(2001)和曾立英(2004)都对汉语学界语法学家对及物动词和不及物动词划分标准进行了梳理,分类标准大致有三种情况:(1)意义标准。该标准完全是从动词本身的意义出发的。黎锦熙(1924)对外动词的定义是"动作外射,及于他物",内动词是"动作内凝,止乎自身"。外动词应该对应于及物动词,而内动词对应于不及物动词。意义的标准不好掌握,分类结果得不到形式上的验证,但是该分类也有一定的意义,因为大多数及物意义动词可以带形式上的宾语。(2)形式标准。王力(1943)较早就指出,动词后面必须带着目的位者叫作"及物动词",动词后面可以不带目的位者叫作"不及物动词"。也就是依据该动词在具体句子中带不带宾语来划定该动词是及物动词还是不及物动词。李临定(1990)指出,凡是不能带宾语的都是内动词,凡是能够带宾语的(不管哪一类宾语)都是外动词。这个标准过于概括,因为有些动词就是及物动词,以"吃"为例,"吃了吗"不带宾语就认为"吃"是不及物吗?另外,能带宾语的动词及物性并不高,如"玛丽像妈妈"。(3)意义标准和形式标准相结合。这个分类标准以能不能带宾语这一形式标准为主,同时限制宾语的种类,及物动词主要指能带受事宾语的动词,不及物动词指不能带宾语和不能带受事宾语的动词。追求兼顾形式和意义的标准是语法学家的理想标准。但是如果语义关系和宾语形式冲突该如何认定呢?宾语还需要分为真宾语和准宾语,那样语法就更复杂了。如果一个动词有时带宾语,有时没有,又该如何呢?

我们再看一下国外对及物性的探讨。英语及物动词和不及物动词划分与汉语词类的划分有相似的地方,一般也从形式或意义进行划分。根据生成语法的子语类化,谓词分为一位动词、二位动词和三位动词。一位动词为不及物动词,只能一个名词短语作主语,如 die;二位动词有主语,也有宾语,如 beat;三位动词有主语,也有直接宾语和间接宾语，如 give。根据认知语法理论，典型及物性事件有三个核心要素：两个参与者，其中的一个（主语或施事）对另一个（宾语或受事）做出某种意志性的行为，受事完全受该行为的影响；典型不及物事件有两个要素：一个参与者，有意志地参与某种行为。及物性是一个连续体，典型及物性事件和典型不及物事件之间有非典型及物事件和非典型不及物事件。

Hopper 和 Thompson (1980:252) 概括了 10 个及物性参数，成为判断及物性高低的标准，及物性的连续体如表 7-1 所示。

表 7-1　检验及物性的指标

构成要素	及物性高	及物性低
a. 参与者(Participants)	两个或多个(施事或宾语)	一个
b. 动作性 (Kinesis)	动作	非动作
c. 体(Aspect)	有界性	无界性
d. 瞬时性(Punctuality)	瞬时性	非瞬时性
e. 意志性(Volitionality)	有意志性	无意志性
f. 肯定性(Affirmation)	肯定	否定
g. 语气(Mode)	真实行为	非真实行为
h. 施动性(Agency)	可能性高	可能性低
i. 宾语受影响性 (Affectedness of object)	完全受影响	不受影响
j. 宾语个体化程度 (Individuation of object)	高度个体化	没有个体化

及物性连续体表明，带有宾语的动词及物性未必就高，有许多标准共同作用，拥有及物性参数越多，及物性就越高，能否带有宾语只是其中的一个条件。及物性的高低不是动词决定的，而是与小句其他成分有密切关系，同样的动词因所带宾语不同，及物性也有很大差异，如“打篮球”就没有“打老虎”及物性高，因为有生命的

宾语个体化高。

从以上的讨论可以看出，动词及物标准无论是形式还是意义，还是兼顾形式和意义都有问题，这是因为动词的及物性高低不是固定的，但是也不能因此就否定动词本身的及物性特征。动词最能反映人类经验，每个动词都有固化的事件概念。基于构式的及物性连续体，笔者认为动词本身的及物性也具有连续性。

笔者认为动词的划分仍然要兼顾意义和形式，可以跟受事的动词为及物动词，即由动词表达的行为所带来的效果(effect)，行为从施事或行为者传递力到受事或目标，这类动词具有致使性，及物性最高，如打破、杀死、开除等。及物性高的及物动词后面有一种“非常规受事宾语”的代入现象，如吃食堂、吃父母、吃老本等。只有及物性高的动词才容易有非常规宾语。语言使用者已经把“动词＋宾语”固化为一种构式，“结果”“材料”“处所”“工具”“目的”“方式”都可以进入这类动词构式内，这也是汉语独有的特征，正如前面讨论过的汉语论元实现的灵活性。

及物动词也可以跟客事宾语，不会对动作的对象带来状态的变化，这类动词的及物性要弱一些，如读、给、借等。另外，这类动词还包括跟客事的心理动词，这类动词状态性比较强，及物性更弱一些，如怀疑、信任、害怕等。

笔者认为及物动词在一定结构中不带有宾语仍然是及物动词，宾语或者是省略了，或者是及物动词去及物化了，这两种情况都不可任意发生，必须满足一些条件。前面在讨论中动及其相关去及物化结构时已经探讨了去及物化结构必须满足诸如受事主语施事性、受事主语主动性、事件状态化等特征，满足的条件越多，去及物化程度越高。中动结构就比作格结构和意念被动结构去及物化程度高。宾语省略必须在一定语境下满足语用条件，非常容易恢复宾语，如(23)中“打扫”的宾语在语境中可以找到。

(23) a. 打扫房间了吗？

b. 打扫了。

根据 Perlmutter(1978)“非宾格性假说”(Unaccusative Hypothesis),不及物动词分为两类:非宾格动词和非作格动词。既然非宾格动词有深层的宾语,就可以认为该类动词为及物动词,满足一定条件下可以有不及物用法。非作格动词是纯粹的不及物动词,具有唯一施事性论元,但不会进行能量传递,不可有动作的对象,其主要语义元素为意愿控制及自主,如跑、跳、睡觉等。但是,非作格动词也不是不可以带宾语,如跑关系、飞上海。尽管非作格动词为典型不及物动词,在满足一定条件下也能有一定的及物性。

概括来说,典型及物动词和典型不及物动词之间的动词及物性处于连续体中,及物动词在深层可以跟宾语,尽管表层在句法上并不能实现为宾语;不及物动词在深层没有宾语,当表层有宾语句法实现时就有了一定及物性,及物意义是构式的及物意义。及物动词到不及物动词之间的连续体表现如下:受事宾语典型及物动词—非受事宾语及物动词—底层宾语及物动词—表层宾语不及物动词—典型不及物动词。

7.4 结语

本章讨论了英汉去及物化结构的语言类型学原因。及物性是人类语言共同的特征,具有因果关系的及物事件反映了人类最基本的经验,及物事件图式具有普遍意义,及物动词的去及物用法是非常规用法,必须满足更多的句法、语义、语用限制条件,并且不同的语言生成条件不同。就英汉语比较而言,之所以汉语去及物化现象比较普遍是因为汉语是话题突出、论元实现具有灵活性、体貌突出的语言。去及物化结构的研究让我们重新考虑动词的分类,不同于及物动词和不及物动词(包括非作格和非宾格动词),笔者认为及物动词和不及物动词之间就及物性来说存在连续体,及物动词的不及物用法和不及物动词的及物用法与构式和语用有密切关系。

第8章

去及物化结构研究展望

8.1 本书的主要发现

本书是对中动及其相关去及物化结构生成机制的理论探讨。本书的发现主要有五个方面。

第一，从跨语言的角度界定了英、汉、韩、日语中动结构。中动结构的界定标准兼顾意义和形式，其定义特征为主动形式但有一定的被动意义，具有非事件性，具有“让予”情态意义。英语中动结构为光杆中动，汉语典型中动具有中动标记“-起来/上去/着”，日语和韩语也有中动标记。

第二，在句法-语义-语用界面理论下对英语、汉语中动结构的生成机制进行了分析。从施力角度看，中动结构的生成不符合典型施力-受力模式，其反施力者在力的传递中起到更大的作用。中动构成不仅受施力事件结构的限制，还受到其他认知语义和语用条件限制，即中动结构生成受句法-语义界面和句法-语用界面条件限制。

第三，本书对去及物化结构作了统一说明。作为特殊的、不符合人类基本认知概念的结构，去及物化结构要想成立，必须满足更多的限制条件。去及物化结构必须状态化，整个结构语义自足，受事主语作为反施力受到凸显，施事论元或者隐含，或者删除，在施力过程中背景化，不同的去及物化结构采取不同的方法达到目的。

第四，英汉去及物化结构存在许多差异。总的来说，汉语去及物化结构为非标记结构，语言使用中所占比例较高；而英语去及物化结构为标记结构，只出现在有限的语篇当中。英汉去及物化结构的差异有着语言类型学原因。汉语去及物化结构的多产性与话题突出语言、体貌丰富和独有的复合动词有关；而英语去及物化结构的产生是语用要求与语法规则妥协的结果。

第五，去及物化结构的生成句法、语义、语用条件限制让我们重新考虑动词类型的划分。动词及物性的判断标准兼顾形式和意义。动词分为及物动词和不及物动词，但及物性高低处于连续体之中。及物动词在深层结构中有两个参与者，及物动词带有不同的宾语，其及物性也表现不同；不及物动词只有一个参与者，不及物动词带有宾语时，就有了一定的及物性。处于中性语境当中，动词可以分及物动词和不及物动词；在非中性语境中，动词的及物性不仅与动词本身有关，也与构式有关，构式可以通过压制把及物动词去及物化，也可以通过压制把不及物动词及物化。

8.2 界面理论的发展

本书重要的贡献在于发展了界面理论。界面研究是当前语言研究的一个重要研究路径，但对于什么是语言界面，语言学界有不同的观点。笔者认为研究对象不同，其界面就不同，就句法结构而言，语言的哪个层面对句法实现有影响，这个层面就是界面。文献中句法-语义界面最普遍的观点是语义影响句法，但对于语义如何影响句法以及何种语义影响句法有不同的观点。笔者基于 Jackendoff 的平行架构理论，提出句法-语义-语用界面理论，认为语义和语用都对句法实现起作用。同时笔者采用构式的观点，句法本身也起作用,也就是说句法和语义、句法和语用相互作用,共同决定论元的句法实现。语义为概念语义,除了以动词为中心的基于力传递的事件结构,还包括论元的语义特征,动词的语义和论元的语义之间要匹配。语用站在信息角度,包括焦点和话题。

句法-语义-语用界面理论中在决定论元实现的语义和语用因素所起的作用时并不相同,起着主导作用的是事件结构,因为事件结构是人类认知事件的概念化和图式化,其他语义和语用起着补充作用。本书的界面是一种综合界面,句子生成的限制更全面,因此解释力更强。

8.3 今后研究的方向

去及物化结构研究关注动词的及物性转换,及物性转换还包括不及物动词的及物化。本书只是探讨了去及物化结构,为了对动词的及物性转换进行全面的解释,今后的研究要进行及物化研究。

在中动结构的研究过程中,笔者发现中动结构与结果构式之间存在一些重叠的地方,探讨二者之间的关系是我们今后研究的一个方向,希望中动结构的研究成果对结果构式研究有一定启发。

本书的句法-语义-语用界面模型能够被应用到其他构式当中,笔者希望今后该理论模型能够更好地解决一些问题,同时进一步发展该理论模型。

参考文献

Arad, M. A. 1996. Minimalist View of the Syntax-lexical Semantics Interface. *UCL Working Papers in Linguistics 8*, 1-29.

Ackema, P. & M. Schoorlemmer. 1994. The Middle Construction and Syntax-semantics Interface. *Lingua*, 93(1): 59-90.

Ackema, P. & M. Schoorlemmer. 1995. Middles and Nonmovement. *Linguistic Inquiry*, 26(2): 173-197.

Ackema, P. & M. Schoorlemmer. 2006. Middles. In Martin Everaert & Henk van Riemsdijk (eds.), *The Syntax Companion*, vol. III, 131-203. Oxford: Basil Blackwell.

Authier, J. & L. Reed. 1996. On the Canadian French Middle. *Linguistic Inquiry*, 27(3): 513-523.

Bailey, R. W. 1996. *Nineteenth-century English*. Ann Arbor: University of Michigan Press.

Baglini, R. 2007. The Middle Construction in Mandarin Chinese. MA Thesis. University of Chicago.

Baker, C. 1988. *Incorporation: A Theory of Grammatical Function Changing*. Chicago, IL: University of Chicago Press.

Baker, C. 1997. Thematic Roles and Syntactic Structure. In L. Haegeman (ed.), *Elements of Grammar: Handbook of Generative Syntax*, 73-137.

Dordrecht: Kluwer.

Benua, L. & H. Borer. 1996. Passive/Anti-Passive in a Predicate Based Approach to Argument Structure. Talk presented at GLOW 19, 1996.

Borer, H. 1994. The Projection of Arguments. In E. Benedicto & J. Runner (eds.), *Functional Projections: University of Massachusetts Occasional Papers 17*, 19-47. Umass: Amherst.

Burzio, L. 1986. *Italian Syntax: A Government-binding Approach*. Dordrecht: Reidel.

Carrier, J. & J. Randall. 1992. The Argument Structure and Syntactic Structure of Resultatives. *Linguistic Inquiry*, 23(2): 173-234.

Carter, R. 1976. *Some Linking Regularities in English*. Paris: Universite de Vincennes.

Chang, Shen-Min (张慎敏). 1994. V-*qilai* Constructions in Mandarin Chinese: A Study of Their Semantics and Syntax. MA Thesis. National Tsing Hua University.

Chao, Yuen Ren(赵元任). 1968. *A Grammar of Spoken Chinese*. Berkeley, CA: University of California Press.

Cheng, Lisa Lai-Shen & C.-T. James Huang (郑礼珊、黄正德). 1994. On the Argument Structure of Resultative Compounds. In Matthew Y. Chen & Ovid J.-L. Tzeng (eds.), *In Honor of William S-Y. Wang: Interdisciplinary Studies on Language and Language Change*, 187-221. Taipei: Pyramid Press.

Cho, S. 1993. On the Potential Middle Constructions in Korean. *Language Research*, 29(4): 443-477. Seoul National University. Seoul, Korea.

Cho, S. 1995. On Verbal Intransitivity in Korean: With Special Reference to Middle Constructions. Ph.D. Dissertation. University of Hawai'i.

Cho, S. 1998. Passive and Middle Constructions in Korean. *Korean Linguistics*, 9: 151-189.

Chomsky, N. 1965. *Aspects of the Theory of Syntax*. Cambridge, MA: MIT Press.

Chomsky, N. 1981. *Lectures on Government and Binding*. Dordrecht: Foris.

Chomsky, N. 1995. *The Minimalist Program*. Cambridge, MA: MIT Press.

Chung, T. 1995a. A Semantic Condition on English Middles: A Causative Approach. *Korean Journal of Linguistics*, 20(4): 271-288. The Linguistic Society of Korea.

Chung, T. 1995b. English Middle Constructions: Movement vs. Lexical Approach. *Phoenix*, 33: 297-312. Korea University, English Department.

Chung, T. 1996. On English Middle Formation. *Studies in Generative Grammar*, 6(2): 281-317.

Chung, T. 2000. Argument Structure of English Intransitive Verbs. *Studies in Generative Grammar*, 10(2): 389-425.

Chung, T. 2001. Implicit Arguments in English Middles. The paper was presented at the 2001 Winter Conference of the Korean Association for the Study of English Language and Linguistics, held at Sogang University on Feb. 21, 2001.

Chung, T. 2002. The Reflexive Middles in English. *Studies in Generative Studies*, 12(2): 339-371.

Chung, T. 2003. Lexical Approach to English Middles. *Studies in Generative Studies*, 4: 717-728.

Condoravdi, C. 1989. The Middle: Where Semantics and Morphology Meet. In P. Pranigan, J. Gaulding, M. Kubo & K. Murasugi (eds.), *MIT Working Papers in Linguistics*, vol. 2, 16-30. Cambridge, MA: Department of Linguistics and Philosophy, MIT Press.

Croft, W. 1991. *Syntactic Categories and Grammatical Relations*. Chicago, IL: University of Chicago Press.

Croft, W. 1994. Voice: Beyond Control and Affectedness. In Barbara A. Fox & Paul J. Hopper (eds.), *Voice: Form and Function*, 89-118. Amsterdam: John Benjamins.

Croft, W. 1998. Event Structure in Argument Linking. In M. Butt & W. Geuder (eds.), *The Projection of Arguments: Lexical and Compositional Factors*, 21-63. Stanford, Stanford University, CA: CSLI Publications.

Cruse, D. A. 2000. *Meaning in Language: An Introduction to Semantics and Pragmatics*. Oxford: Oxford University Press.

Culicover, P. & R. Jackendoff. 2005. *Simpler Syntax*. Oxford: Oxford University Press.

Davidse, K. & L. Heyvaert. 2003. On the so-called "Middle" Construction in English and Dutch. In Sylviane G. et al. (eds.), *Empirical Approaches to Contrastive Linguistics and Translation Studies*, 57-73. Amsterdam: Rodopi.

Davidse, K. & L. Heyvaert. 2007. On the Middle Voice: An Interpersonal Analysis of the English Middle. *Linguistics*, 45(1): 37-83.

Davidse, K. & N. Olivier. 2008. English Middles with Mental and Verbal Predicates—Towards a Typology. *English Text Construction*, 1(2): 169-197.

Declerk, R. 1991. *A Comprehensive Descriptive Grammar of English*. Tokyo: Kaitakusha.

Dixon, Robert M. W. 1982. *Where Have All the Adjectives Gone? And Other Essays in Semantics and Syntax*. Berlin: Mouton de Gruyter.

Dixon, Robert M. W. 1991. *A New Approach to English Grammar on Semantic Principles*. Oxford: Clarendon.

Dobrovie-Sorin, C. 1998. Impersonal is Constructions in Romance and the Passivization of Unergatives. *Linguistic Inquiry*, 29: 399-437.

Dobrovie-Sorin, Carmen. 2004. Generic Plural Indefinites and (In)direct Binding. In F. Corblin & H. de Swart (eds.), *A Handbook of French Semantics*. Stanford, CA: CSLI Publications.

Dowty, D. 1972. Studies in the Logic of Verb Aspect and Time Reference in English. Ph.D. Dissertation. University of Texas, Austin.

Dowty, D. 1979. *Word Meaning and Montague Grammar*. Dordrecht, the Netherlands: D. Reidel Publishing Company.

Dowty, D. 1991. Thematic Proto-roles and Argument Selection. *Language*, 67(3): 547-619.

Erades, P. A. 1950. Points of Modern English Syntax, XII. *English Studies*, 31: 153-157.

Fagan, S. 1988. The English Middle. *Linguistic Inquiry*, 19(2):

181-203.

Fagan, S. 1992. *The Syntax and Semantics of Middle Constructions: A Study with Special Reference to German*. Cambridge: Cambridge University Press.

Fellbaum, C. 1986. *On the Middle Construction in English*. Bloomington, IN: Indiana University Linguistic Club Publications.

Fellbaum, C & A. Zribi-Hertz. 1989. *The Middle Construction in French and English: A Comparative Study of Its Syntax and Semantics*. Bloomington, IN: Indiana University Linguistic Club Publications.

Fillmore, C. J. 1968. The Case for Case. In E. Bach & R. T. Harms (eds.), *Universals in Linguistic Theory*, 1-88. New York: Holt, Rinehart, and Winston.

Fillmore, C. J. 1970. The Grammar of Hitting and Breaking. In R. Jacobs & P. Rosenbaum (eds.), *Readings in English Transformational Grammar*, 120-133. Washington, DC: Georgetown University Press.

Foley, W. A. & R. van Valin. 1984. *Functional Syntax and Universal Grammar*. Cambridge: Cambridge University Press.

Grimshaw J. 1990. *Argument Structure*. Cambridge, MA: MIT Press.

Givón, T. 1984. *Syntax: A Functional-Typological Introduction (Volume 1/2)*. Amsterdam, the Netherlands: John Benjamins Publishing Company.

Givón, T. 1994. *English Grammar: A Function-based Introduction*, vol. II. Amsterdam: John Benjamins Publishing Company.

Givón, T. 2001. *Syntax: An Introduction*, vol. 2. Amsterdam: John Benjamins Publishing Company.

Goldberg, A. 1995. *Constructions: A Construction Grammar Approach to Argument Structure*. Chicago: University of Chicago Press.

Goldberg, A. & F. Ackerman. 2001. The Pragmatics of Obligatory Adjuncts. *Language*, 77(4): 798-814.

Goldberg, A. 2006. *Constructions at Work: The Nature of Generalization in Language*. New York: Oxford University Press

Greenspon, M. D. 1996. A Close Look at the Middle Construction.

Ph.D. Dissertation. Yale University.

Grice, H. P. 1975. Logic and Conversation. In P. Cole & J. Morgan (eds.), *Syntax and Semantics*, vol.3, 41-58. New York: Academic Press.

Haiman, J. 1980. The Iconicity of Grammar: Isomorphism and Motivation. *Language*, 56(3): 515-540.

Hale, K. & S. J. Keyser. 1987. A View from the Middle. *Lexicon Project Working Papers 10*, 111-176. Cambridge, MA: MIT Press.

Hale, K. & S. J. Keyser. 1993. On Argument Structure and the Lexical Expression of Syntactic Relations. In K. Hale & S. J. Keyser (eds.), *The View from Building 20: Essays in Linguistics in Honor of Sylvian Bromberger*, 53-109. Cambridge: MIT Press.

Hale, K. & S. J. Keyser. 2002. *Prolegomenon to a Theory of Argument Structure*. Cambridge, MA: MIT Press.

Halliday, M. A. K. 1967. Notes on Transitivity and Theme in English. Part 1. *Journal of Linguistics*, 3(1): 37-81.

Hatcher, A. G. 1943. Mr. Howard Amuses Easy. *Modern Language Notes*, 58(1): 8-17.

Hawkins, J. A. 1986. *A Comparative Typology of English and German: Unifying the Contrasts*. London: Croom Helm.

He, Xiaoling(贺晓玲). 2005. On Patient-subject Constructions in Chinese. Ph.D. Dissertation. The University of Hong Kong.

Heyvaert, L. 2003. *A Cognitive-Functional Approach to Nominalization in English*. Berlin: Mouton de Gruyter.

Heyvaert, L. & K. Davidse. 2002. The Propositional Meaning of English Middles. *Preprints of the Department of Linguistics*, 194. Department of Linguistics, University of Leuven.

Hoekstra, T. & I. Roberts. 1993. Middle Constructions in Dutch and English. In E. Reuland & W. Abraham (eds.), *Knowledge and Language*, vol. II, 183-220. Netherland: Kluwer.

Hopper, P. J. & S. A. Thompson. 1980. Transitivity in Grammar and Discourse. *Language*, 56(2): 251-299.

Horn, L. R. 1984. Toward a New Taxonomy for Pragmatic Inference:

Q-based and R-based Implicature. In D. Schiffrin (ed.), *Meaning Form and Use in Context: Linguistic Applications*, 11-42. Washington, DC: Georgetown University Press.

Hundt, M. 2007. *English Mediopassive Construction: A Cognitive, Corpus-based Study of Their Origin, Spread, and Current Status*. Amsterdam: Rodopi.

Iwata, S. 1999. On the Status of an Implicit Arguments in Middles. *Journal of Linguistics*, 35 (3): 527-553.

Jaeger, G. 2001. Topic-Comment Structure and the Contrast between Stage Level and Individual Level Predicates. *Journal of Semantics*, 18(2): 83-126.

Jaeggli, O. 1986. Passive. *Linguistic Inquiry*, 17(4): 587-622.

Jackendoff, R. 1972. *Semantic Interpretation in Generative Grammar*. Cambridge, MA: MIT Press.

Jackendoff, R. 1983. *Semantics and Cognition*. Cambridge, MA: MIT Press.

Jackendoff, R. 1990. *Semantic Structures*. Cambridge, MA: MIT Press.

Jackendoff, R. 1991. Parts and Boundaries. *Cognition*, 41(1-3): 9-45.

Jackendoff, R. 1996. The Proper Treatment of Measuring Out, Telicity, and Perhaps Even Quantification in English. *Natural Language and Linguistic Theory*, 14(2): 305-354.

Jackendoff, R. 2002. *Foundations of Language*. Oxford: Oxford University Press.

Jackendoff, R. 2007. *Language, Consciousness, Culture—Essays on Mental Structure*. Cambridge, MA: MIT Press.

Jäntti, A. 1978. *Zum Reflexiv und Passiv im heutigen Deutsch Eine syntaktische Untersuchung mit semantischen Ansätzen*. Helsinki: Suomalainen Tiedeakatemia.

Jespersen, O. 1909-1945. *A Modern English Grammar on Historical Principles. Part III: Syntax* (Second volume). London: Allen & Unwin.

Jespersen, O. 1924. *The Philosophy of Grammar*. London: Allen & Unwin.

Ji, Xiaoling(纪小凌). 1995. The Middle Construction in English and Chinese. MA Thesis. The Chinese University of Hong Kong.

Kemmer, S. 1993. *The Middle Voice*. Amsterdam: Benjamins.

Keyser, S. J. & T. Roeper. 1984. On the Middle and Ergative Constructions in English. *Linguistic Inquiry*, 15(3): 381-416.

Keyser, S. J. & T. Roeper. 1992. Re: The Abstract Clitic Hypothesis. *Linguistic Inquiry*, 23(1): 89-125.

Kuno, S. & K. Takami. 2004. *Functional Constraints in Grammar: On the Unergative-unaccusative Distinction* . Amsterdam & Philadelphia: John Benjamins Publishing Company.

Lakoff, G. 1977. Linguistic Gestalts. *Chicago Linguistic Society*, 13: 236-287.

Lambrecht, K. 1994. *Information Structure and Sentence Form*. Cambridge: Cambridge University Press.

Langacker, R. 1987. *Foundations of Cognitive Grammar Vol. I: Theoretical Prerequisites*. Stanford, CA: Stanford University Press.

Langacker, R. 1991. *Foundations of Cognitive Grammar Vol II: Descriptive Application*. Stanford, CA: Stanford University Press.

Larson, R. K. 1988. On the Double Object Construction. *Linguistic Inquiry*, 19(3): 335-391.

Lasnik, H. & J. Uriagereka. 2005. *A Course in Minimalist Syntax: Foundations and Prospects*. Oxford: Blackwell.

Lekakou, M. 2002. The Realization of Middle Semantics in English and Greek. *UCL Working Paper in Linguistics 14*, 399-416.

Lekakou, M. 2005. In the Middle, Somewhat Elevated: The Semantics of Middles and Its Crosslinguistic Realization. Ph. D. Dissertation. University of London.

Lemmens, M. 1998. *Lexical Perspectives on Transitivity and Ergativity: Causative Constructions in English*. Amsterdam: John Benjamins Publishing Company.

Levin, L. 1982. Sluicing: A Lexical Interpretation Procedure. In J. Bresnan (ed.), *The Mental Representation of Grammatical Relations*, 590-

654. Cambridge, MA: MIT press.

Levin, B. 2000. Aspect, Lexical Semantic Representation, and Argument Expression. *Proceedings of the 26th Annual Meeting of the Berkeley Linguistics Society*, 413-429.

Levin, B. & M. Rappaport. 2005. *Argument Realization*. Cambridge: Cambridge University Press.

Li, Charles N. & Sandra A. Thompson. 1976. Subject and Topic: A New Typology of Language. In Charles N. Li. (ed.), *Subject and Topic*, 457-489. New York: Academic Press.

Lightfoot, D. W. 1979. *Principles of Diachronic Syntax*. Cambridge: CUP.

Lin, Tzong-Hong (林宗宏). 2001. Light Verb Syntax and the Theory of Phrase Structure. Ph.D. Dissertation. University of California.

Lin, Zhijie (林志杰). 2008. Reexploring Mandarin Chinese Middle Constructions. MA Thesis. National Sun Yat-sen University.

Marelj, M. 2004. Middles and Argument Structure across Languages. Ph.D. Dissertation. Utrecht Institute of Linguistics OTS.

Massam, D. 1992. Null Objects and Non-thematic Subjects. *Journal of Linguistics*, 28(1): 115-137.

Masuko, M. 1999. Conditions for Argument Suppression. In Valia Kordon (ed.), *Proceedings on Lexical Semantics and Linking in Constraint-Based Theories. Lecture Notes of the 11th European Summer School in Logic, Language and Information (ESSLLI)*, 111-125. Utrecht University.

McCawley, J. 1968. Lexical Insertion in a Transformational Grammar without Deep Structure. *Proceedings of the Chicago Linguistic Society 4*, 71-80.

Mossé, F. 1938. *Histoire de la forme pèriphrastique: Êtrc + participe presént en Germanique*. Paris: Klincksieck.

Olsen, M. B. 1996. *Telicity and English Verb Classes and Alternations: An Overview. Computer Science Technical Report Series*. College Park: University of Maryland.

Palmer, F. R. 1974. *The English Verb*. London: Longman.

Paradis, C. 2009. "This Beauty Should Drink Well for 10-12 Years": A Note on Recommendations as Semantic Middles. *Text and Talk*, 29(1): 53-73.

Park, Jeong-Woon. 1994. Morphological Causatives in Korean. Ph. D. Dissertation. University of California at Berkely.

Park, Sang Doh. 2005. Parameters of Passive Constructions in English and Korean. Ph.D. Dissertation. Cornell University.

Perlmutter, D. M. 1978. Impersonal Passives and the Unaccusative Hypothesis. *Berkeley Linguistics Society*, 4: 157-189.

Perlmutter, D. & Postal, P. 1984. The 1-advancement Exclusiveness Law. In D. Perlmutter & C. Rosen (eds.), *Relational Grammar 2*, 81-125. Chicago, IL: The University of Chicago Press.

Pinker, S. 1989. *Learnability and Cognition: The Acquisition of Argument Structure*. Cambridge: MIT Press.

Poutsma, H. 1926. *A Grammar of Late Modern English. Part II The Parts of Speech. Section II The Verb and Its Particles*. London & New York: Longman.

Pustejovsky, J. 1991. The Generative Lexicon. *Computational Linguistics*, 17(4): 409-441.

Pustejovsky, J. 1995. *The Generative Lexicon*. Cambridge, MA: MIT Press.

Radford, A. 1997. *Syntax: A Minimalist Introduction*. London: Cambridge University Press.

Rapoport, T. R. 1993. Verbs in Depictives and Resultatives. In James Pustejovsky (ed.), *Semantics and the Lexicon*, 163-184. Dordrecht: Kluwer Academic Publishers.

Rapoport, T. R. 1999. The English Middles and Agentivity. *Linguistic Inquiry*, 30(1): 147-155.

Rappaport, M. & B. Levin. 1998. Building Verb Meanings. In M. Butt & W. Geuder (eds.), *The Projection of Arguments: Lexical and Compositional Factors*, 97-134. Stanford, CA: CSLI.

Rappaport, M. & B. Levin. 2001. An Event Structure Account of English Resultative. *Language*, 77(4): 766-797.

Ritter, E. & S. T. Rosen. 1998. Delimiting Events in Syntax. In M. Butt & W. Geuder (eds.), *The Projection of Arguments: Lexical and Compositional Factors*, 135-164. Stanford, CA: CSLI.

Ritter, E. & S. T. Rosen. 2000. Event Structure and Ergativity. In C. Tenny & J. Pustejovsky (eds.), *Event as Grammatical Objects. Standford*, CA: University of California Press.

Roberts, Ian G. 1987. *The Representation of Implicit and Dethematized Subjects*. Dordrecht: Foris.

Roeper, T. & M. E. Siegel. 1978. A Lexical Transformation for Verbal Compounds. *Linguistic Inquiry*, 9(2): 199-260.

Rosta, A. 1995. How does This Sentence Interpret? The Semantics of English Mediopassives. In A. Aarts & C. F. Meyer (eds.), *The Verb in Contemporary English: Theory and Description*, 123-144. Cambridge: Cambridge University Press.

Ruwet, N. 1976. *Problems in French Syntax: Transformational-generative Studies*. London: Longman.

Sakamoto, M. 2001. The Middle and Related Constructions in English: A Cognitive Network Analysis. *English Linguistics*, 18(1): 86-110.

Simargool, N. 2005. Historical Development of the English Middle Constructions. Ph.D. Dissertation. University of Wisconsin-Madison.

Shibatani, M. & K. Artawa. 2007. The Middle Voice in Balinese. In Shoichi Iwasaki, Andrew Simpon, Karen Adams & Paul Sidwell (eds.), *SEALSXIII: Papers from the 13th Meeting of the Southeast Asian Linguistic Society (2003)*, 239-261. Canberra: Pacific Linguistics.

Speas, M. J. 1990. *Phrase Structure in Natural Language*. Dordrecht: Kluwer.

Steinbach, M. 1998. Middles in German. Ph.D. Dissertation. Humboldt Universitaet zu Berlin.

Steinbach, M. 2002. *Middle Voice: A Comparative Study in the Syntax-Semantics Interface of German*. Amsterdam & Philadelphia: John Benjamins Publishing Company.

Stroik, T. 1992. Middles and Movement. *Linguistic Inquiry*, 23(1): 127-137.

Stroik, T. 1995. On Middle Formation: A Reply to Zribi-Hertz. *Linguistic Inquiry*, 26(1): 165-171.

Stroik, T. 1999. Middles and Reflexibility. *Linguistic Inquiry*, 30(1): 119-131.

Stroik, T. 2006. Arguments in Middles. In B. Lyngfelt & T. Solstad (eds.), *Demoting the Agent*, 301-326. Amsterdam: John Benjamins Publishing Company.

Sung, Kuo-ming (宋国明). 1994. Case Assignment under Incorporation. Ph.D. Dissertation. University of California at Los Angles.

Taguchi, S. 2007. Japanese Middles and Non-movement. *Chicago Linguistic Society*, 43: 243-253.

Taguchi, S. & F. Niinuma. 2009. On the Subject of the Japanese Middle and Tough Constructions. *Proceedings of International Congress of Linguists 18*, 18: 1875-1886.

Talmy, L. 1985. Lexicalization Patterns: Semantic Structure in Lexical Forms. In T. Shopen (ed.), *Language Typology and Syntactic Description: Grammatical Categories and the Lexicon*, 57-149. Cambridge: Cambridge University Press.

Talmy, L. 1988. Force Dynamics in Language and Thought. *Cognitive Science*, 12(1): 49-100.

Talmy, L. 2000. *Toward a Cognitive Semantics*, vol. I. Cambridge, MA: The MIT Press.

Tao, Hongyin & Sandra A. Thompson. 1994. The Discourse and Grammar Interface: Preferred Clause Structure in Mandarin Conversation. *Journal of the Chinese Language Teachers Association*, 29(3): 1-34.

Tao, Y. 2001. Chinese Middle Constructions: A Case of Disposition Ascription. Ph.D. Dissertation. Hong Kong Polytechnic University.

Taylor, J. R. 1995. *Linguistic Categorization: Prototypes in Linguistic Theory*. 2nd Edition. Oxford: Clarendon Press.

Tenny, C. 1992. The Aspectual Interface Hypothesis. In Ivan A. Sag &

Anna Szabolsci (eds.), *Lexical Matters*, 1-27. Stanford: Stanford University.

Tenny, C. 1994. *Aspectual Roles and the Syntax-Semantics Interface*. Dordrecht: Kluwer Academic Publishers.

Thompson, Sandra A. 1978. Modern English from a Typological Point of View: Some Implications of the Function of Word Order. *Linguistische Berichte*, 54(78): 19-35.

Ting, J. 2006 (丁仁). The Middle Construction in Mandarin Chinese and the Presyntactic Approach. *Concentric: Studies in Linguistics*, 32(1): 89-117.

Traugott, E. C. 1972. *A History of English Syntax*. New York: Holt, Rinehart and Winston.

Trusllwell, R. 2011. *Events, Phrases, and Questions*. Oxford: Oxford University Press.

van Oosten, J. 1977. Subjects and Agenthood in English. *Chicago Linguistic Society*, 13: 459-471.

van Oosten, J. 1984. A Unified View of Topic. *Proceedings of the 10th Annual Meeting of the Berkeley Linguistics Society*, 372-385. Berkeley: University of California, Berkeley Linguistic Society.

van Oosten, J. 1986. *The Nature of Subjects, Topics and Agents: A Cognitive Explanation* . Bloomington: Indiana University Linguistic Club Publications.

van Valin. R. D. Jr. 1990. Semantic Parameter of Split Intransitivity. *Language*, 66(2): 221-260.

van Valin. R. D. Jr. & R. J. Lapolla. 1997. *Syntax: Structure, Meaning, and Function*. Cambridge: Cambridge University Press.

van Voorst, Jan. 1988. *Event Structure*. Amsterdam: John Benjamins Publishing Company.

Vendler, Z. 1967. *Linguistics in Philosophy*. Ithaca, NY: Cornell University Press.

Wang, Yu-yun (王煜匀). 2005a. The Multiplicity of the V-*qi-lai* Construction. *USTWPL*, 1: 311-330.

Wang, Yu-yun (王煜匀). 2005b. Aspect Marker and Light Verb in Chinese Directional. MA Thesis. National Tsinghua University.

Wee, Kae-Kyung. 2006. Information Structure of English Middles. *Korean Journal of English Language and Linguistics*, 6(3): 597-614.

Williams, E. 1981. Argument Structure and Morphology. *The Linguistic Review*, 1(1): 81-114.

Wu, Jia-yi(吴家益). 2008. The Syntactic and Semantic Analysis of Middle Passive Constructions in Mandarin Chinese: The Grammatical Status of Preverbal Patient NP. MA Thesis. Fu Jen Catholic University.

Xiong, Jiajuan(熊佳娟). Chinese Middle Constructions: Lexical Middle Formation. Ph.D. Dissertation. The University of Hong Kong.

Yanai, T. 1991. On the Middle Construction in English. *Artes Liberales*, 48: 57-76.

Yoshimura, K. 1998. The Middle Construction in English: A Cognitive Linguistic Analysis. Ph.D. Dissertation. University of Otago.

Yoshimura, K. & J. R. Taylor. 2004. What Makes a Good Middle? The Role of Qualia in the Interpretation and Acceptability of Middle Expressions in English. *English Language and Linguistics*, 8(2): 293-321.

Zipf, G. K. 1949. *The Least Effort Principle in Human Behaviors*. Boston: Houghton Mifflin.

Zhao, Yunming(赵运明). 2002. The Middle Construction in English and Chinese: A Minimalist Approach. MA Thesis. PLA University of Foreign Languages.

Zribi-Hertz, Anne. 1993. On Stroik's Analysis of English Middle Constructions. *Linguistic Inquiry*, 24: 583-589.

Zwart, Jan-Wouter. 1997. On the Generic Character of Middle Constructions. Working Paper of University of Groningen.

Zwart, Jan-Wouter. 1998. Nonargument Middles in Dutch. *Groningen Arbeiten Zur germanistischen Linguistik*, 42: 109-128.

白瑞雪:《英汉"中动词"的一些特征》,2003,http://www.lforums.com/html/11/1103/551.htm, 2003。

曹宏:《现代汉语中动句研究》,北京大学硕士论文,2003年。

曹宏:《中动句对形容词的选择限制及其理据》,《语言科学》2004(a)年第1期。

曹宏:《论中动句的层次结构和语法关系》,《语言教学与研究》2004(b)年第5期。

陈昌来:《论成事与相关动词》,《汉语学习》2002年第3期。

陈立民:《中动句的范围——兼评曹宏的中动句研究》,2006,东方语言学网论坛 http://www.eastling.org/discuz/showtree.aspx?postid=12106。

戴曼纯:《中动结构式的句法特征》,《外语学刊》2001年第4期。

戴曼纯:《最简方案框架下的广义左向合并理论研究》,外语教学与研究出版社2003年版。

邓盾:《现代汉语中动结构的界定——兼及与"起来"中动句相关的若干问题》,北京大学硕士论文,2008年。

邓思颖:《作格化和汉语被动句》,《中国语文》2004年第4期。

丁加勇:《容纳句的数量关系、句法特征及认知解释》,《汉语学报》2006年第1期。

丁声树等:《现代汉语语法讲话》,商务印书馆1961年版。

范继淹:《汉语语法结构的层次分析问题》,《语法研究和探索》第1辑,语文出版社1983年版。

高兴刚:《空算子与中间结构》,《现代外语》2000年第2期。

高秀雪:《再谈汉语中动结构的界定》,《现代语文》2011年第4期。

古川裕:《现代汉语的"中动语态句式"——语态变换的句法实现和词法实现》,《汉语学报》2005年第2期。

韩景泉:《英语中间结构的生成》,《外语教学与研究》2003年第3期。

何健元:《现代汉语中间句的句法结构》,《汉语学习》2010年第1期。

何文忠:《中动结构的认知阐释》,科学出版社2007年版。

何晓炜、钟蓝梅:《最简方案下英汉中动结构的生成研究》,《现代汉语》2012年第1期。

胡建华:《题元、论元和语法功能项——格标效应与语言差异》,《外语教学与研究》2007年第3期。

纪小凌:《再论汉语的中间结构》,《上海师范大学学报》2006年第6期。

黎锦熙:《新著国语文法》,商务印书馆1924年版。

李临定:《现代汉语动词》,中国社会科学院出版社1990年版。

刘晓林、王文斌:《英语动词论元变化的主观性理据和维度》,《天津外国语学院学报》2009 年第 3 期。

刘晓林、曾成明:《英汉去及物化和语义自足化机制对比及其语序效应》,《当代外语研究》2011 年第 8 期。

刘月华:《趋向补语通释》,北京语言大学出版社 1983 年版。

陆俭明:《周遍性主语句及其他》,《中国语文》1986 年第 3 期。

陆俭明:《汉语句子的特点》,《汉语学习》1993 年第 1 期。

陆俭明:《构式语法理论的价值与局限》,《南京师范大学文学学院学报》2008 年第 1 期。

陆俭明:《再论构式语快分析法》,《语言研究》2011 年第 2 期。

陆俭明、沈阳:《汉语与汉语研究十五讲》,北京大学出版社 2003 年版。

吕叔湘:《现代汉语八百词》,商务印书馆 1980 年版。

牛保义:《英语作格句语用功能的词汇语用分析》,《外语与外语教学》2005 年第 6 期。

潘海华、梁昊:《优选论与汉语主语的确认》,《中国语文》2002 年第 1 期。

尚新:《语法体的内部对立与中立化》,华东师范大学博士论文,2004 年。

沈家煊:《专指和转喻》,《当代语言学》1999 年第 1 期。

石毓智:《现代汉语语法系统的建立——动补结构的产生及其影响》,北京语言文化大学出版社 2003 年版。

司惠文、余光武:《英语中间结构句法致使生成研究》,《现代外语》2005 年第 1 期。

王俊毅:《及物动词与不及物动词分类考察》,《语言教学与研究》2001 年第 5 期。

王力:《中国现代语法》,商务印书馆 1943 年版。

王玲玲、何元建:《汉语动结结构》,浙江教育出版社 2002 年版。

熊仲儒:《“NP+好 V”的句法分析》,《当代语言学》2011 年第 1 期。

徐杰:《“及物性”特征与相关的四类动词》,《语言研究》2001 年第 3 期。

徐烈炯、刘丹青:《话题的结构与功能》,上海教育出版社 1998 年版。

徐盛桓:《英语主语受事句》,《外语教学与研究》1981 年第 2 期。

徐盛桓:《语义数量特征与英语中动结构》,《外语教学与研究》2002 年第6期。

严辰松:《汉语没有“中动结构”》,《解放军外国语学院学报》2011年第5期。

杨晓军:《英汉语中动结构式认知研究——基于语料库的对比分析》,外语教学与研究出版社2008年版。

易红:《“一锅饭吃十个人”与中动结构》,《湖北民族学院学报》2001年第4期。

殷树林:《“NP+(状)+V起来+AP”格式与英语中动句的比较》,《语言教学与研究》2006年第1期。

余光武、司惠文:《汉语中间结构的界定——兼论“NP+V-起来+AP”句式的分化》,《语言研究》2008年第1期。

曾立英:《关于“及物性”的思考》,《三峡大学学报》2004年第1期。

曾立英:《现代汉语的作格现象研究》,北京大学博士学位论文,2006年。

朱德熙:《语法讲义》,商务印书馆1985年版。

朱德熙:《朱德熙文集》,商务印书馆1999年版。